미스 홍, 그림으로 자기를 찾아가다

c o n t e n t s

나 답 게
그 리 기

직장 생활 10년쯤 되면 누구나 한 번은 삶에 대한 의문과 회의가 심한 몸살처럼 찾아온다. 사회에서 나름 책임과 의무를 다하며 조화롭게 살아왔다고 생각하지만, 일상의 권태가 차곡차곡 앙금처럼 삶 위로 쌓여가다 보면 자기도 모르는 사이에 일은 있되 나는 없고, 날짜는 넘어가되 나를 위해 흐르지 않는 시간의 건조함을 느끼기도 한다.

이때 별안간 생각지 못했던 질문 몇 가지를 만난다. '나는 누구인가?', '나는 무엇을 위해 사는가?', '내가 지금 잘 사는 게 맞나?' 식상한 질문이다. 그러나 때가 되면 누구나 이 질문들 앞에 서야 하는 순간이 온다. 식상한 질문 앞에 당신은 어떤 답을 내어놓을 수 있는가. 나는 나를 어디까지 알고 있는가.

믿어 온 세계가 흔들리는 순간, 그 충격에 속절없이 무너지는 사람들이 있다. 누군가는 회사를 떠나고, 일탈의 용기가 없는 사람은 퇴근길 어느 선술집에서 위로의 술판을 벌이기도 한다. 그야말로 혼란을 수습하기 위한 각자도생이다.

한순간 개인과 사회, 나아가 개인과 국가라는 추상을 마주했을 때 화폭 속에 그려진 기괴하고, 복잡한 세계 속에 정작 내가 보이지 않는다면 내 그림 속 주인공은 과연 누구란 말인가. 그때 스미는 절망감은 생각보다 깊고도 서늘한 것이다.

30대 여성 '홍'이 찾아왔다. 8년 차 성실한 직장인인 그녀에게도 어느 날 이유를 알 수 없는 무력감이 찾아온 것이다. 그런 그녀에게 자신을 돌아볼 시간도 가질 겸 그림을 그려보는 건 어떻겠냐고 제안을 했다.

그러나 막상 '나답게 그리기'는 쉽지 않다. 현실에서 '나답게'라는 말은 '나름 답이라는 말을 들을 수 있게' 사는 것으로 통용되어 왔기 때문이다. 나답게 그려보라고 하면 사람들은 이내 매뉴얼을 요구한다. '나답게'라는 말은 들어서 익숙할 뿐 실은 우리에게 낯선 경험의 영역인 것이다.

이 책은 '홍'이 그림을 배워가며 자신의 내면을 회복해가는 과정을 담아내고 있다. 자연히 홍의 확장된 시각만큼 현대미술을 이해하는 지적인 측면의 재미도 빼놓을 수 없다.

이론으로 그림을 이해하는 것이 아니라, 경험 감각을 통해 '나다운 것'과, '나다운 것이라 믿어왔던 것'의 차이를 확인할 수 있도록 그림을 그려가는 '홍의 시선'에 따라 글을 전개했다. 그녀의 심상을 흔들어온 감정과 지금껏 인식 속에 자리한 편견에 하나씩 부딪혀가며 자신을 알아가는 이야기를 담았다.

'홍'의 그리기를 독자들도 따라서 해볼 수 있게 주제마다 면을 할애해 '나답게 그리기'를 체험할 수 있도록 했다. '홍'은 곧 독자 자신이다. 그녀가 고민하는 문제의 본질이 독자들의 고민과 다르다고 생각지 않는다. 이 책을 통해 나를 회복하고 현대미술에 대한 이해를 깊이 할 수 있게 된다면 저자로서 더할 나위 없이 기쁜 일이겠다.

선 긋기에서 현대미술까지
그림 도전기

미스 홍, 그림으로 자기를 찾아가다

김은진 지음

따스한
이야기

Part 1.

그림을
시작하다

그러므로 사람마다 다른 선을
가지고 있지. '남과 다른 나만의
선' 이것이 어쩌면 현대미술의
전부라고도 할 수 있어.

01 │ 너무 쉬워서
이해하기 힘든
현대미술

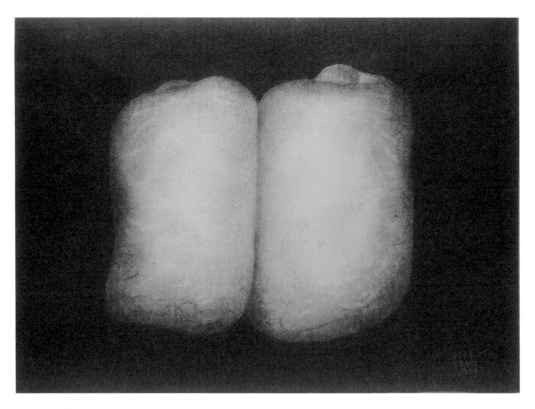

정용남, 69-사물의기록
record of the object 29 x21 charcoal on paper 2015

홍   현대미술을 좋아하기는 하는데 잘 이해는 안 가요. 요즘 미술관에 가면 뭔가 멋있기는 한데 그게 뭔지 정확히 알 수가 없어요. 현대미술은 공부를 좀 하면 이해할 수 있을까요?

김   응, 아무래도 현대미술을 좀 공부하면 알 수 있는 부분이 있지.

홍   그런데 왠지 작품 설명하는 글을 읽어 봐도 어렵기만 한데 어떻게 해야 해요? 현대미술은 왜 이렇게 어려워요?

김   사실은 그 반대야. 현대미술은 너무 쉬워서 어렵게 느껴지는 거야.

홍   너무 쉬워서 어렵다는 말씀이 무슨 말씀인지 잘 모르겠어요. 현대미술은 공부하지 않으면 알 수 없는 것 같아요.

김   내 생각에는 꼭 공부해야만 알 수 있는 건 아닌 거 같아. 현대미술가 중에 교육을 받지 않고도 유명해진 작가가 있는 걸 보면 뭔가 다른 방법이 있지 않을까?

홍   만약에 그런 방법이 있다면 알고 싶어요.

김   직접 경험해 보면서 생각을 정리해 나가면 좀 더 쉽게 이해할 수 있지. 음… 정말 중요한 건 말이야. 세상을 보는 관점을 현대미술가처럼 바꾸는 거야.

홍   세상을 보는 눈을 어떻게 바꿔야 하는데요?

김   그 말은 뭐냐면…. 이 세상 속에 홍이 살고 있지?

홍   네, 이 세상 속에 제가 살고 있죠.

김   그런데 사실은 내가 세상을 살고 있는 거야.

홍   같은 말씀 아닌가요?

김   음… 뭐가 다르냐면, 무엇을 중심에 두는가가 다른 거야. 만약에 세상을 중심에 두면 '나는 어떻게 세상이 원하는 데로 살아야 하는가.'가 문제가 되지. 그런데 내가 중심이 되면 '내가 나의 세상을 어떻게 살 것인가.'가 문제 되는 거야.

홍 '사는 데 무엇이 중요한가?'라는 말씀이군요. 그런데 그것이랑 현대미술이 무슨 관계죠?

김 홍이 현대미술은 어렵다고 했잖아. 현대미술이 어렵게 느껴지는 이유에 대한 설명을 하고 있는 거야.

김 '내가 사는 세상'이 실재하는 세상보다 나에게 더 가치 있다는 태도가 생기면 현대미술가가 왜 저렇게 색다른 방법으로 작품을 해낼 수 있는지 이해할 수 있게 돼. 사실 당연한 말인데, 사람에 따라 현실적으로 받아들이는 경우가 있고, 비현실적으로 받아들이는 경우가 있어.

홍 음… 저에게는 좀 비현실적으로 느껴지는 거 같아요. 아무튼, 어떤 체험을 하면 그 말을 이해할 수 있게 된다는 거죠?

김 체험한다고 다 이해하는 건 아니지만, 이해할 수 있는 기회를 얻을 수도 있지. 그러니까 홍이 하기에 따라 현대미술도 이해하고 동시에 자신의 삶도 이해할 가능성은 생기게 되겠지.

홍 어떻게 하면 되죠? 우선 한번 해보고 싶어요.

김 좋아. 그럼, 다음 주 이 시간에 8절 스케치북과 연필을 가지고 만나자.

홍 그거면 충분해요? 좀 너무 간단한 데요.

김 나중에 다른 재료를 좀 더 사용할 수 있지만, 우선은 그 정도로 충분해.

02 | 낙서 하기

홍   선생님, 8절 도화지와 4B연필을 가지고 왔어요.

김   그럼 먼저 선 연습을 해보자. 선이라는 것은 내가 연필을 통해 스케치북을 만날 때 존재 방식을 드러내는 행위야.

홍   음… 만날 때 존재 방식이라…

김   그러므로 사람마다 다른 선을 가지고 있지. '남과 다른 나만의 선' 이것이 어쩌면 현대미술의 전부라고도 할 수 있어.

홍   '남과 다른 나만의 선' 그것을 찾아보는 건가요? 하지만 선도 더 좋은 선이 있고, 별로인 선도 있을 거 같아요.

김   맞아. 분명히 더 좋은 선이 있고, 그렇지 않은 선이 있지. 이 설명은 좀 복잡하기는 한데, 간단히 말하면 좋은 선은 나의 선이 어떻든 그대로 받아들이고, 그대로 드러내는 선이야. 나쁜 선은 나를 더 좋게 보이도록 꾸미거나 나의 흐름이 틀렸다고 억압하는 선이야.

홍   선에도 그런 차이가 있나요?

김   그럼, 선이 어떤 것보다 가장 잘 드러나지. 사실 선뿐 아니라 모든 인간의 행위는 두 가지로 나타나는 것이기도 해. 어려운 얘기는 천천히 하고 이제 한번 시작해 볼까?

홍　조금 떨리는데요.

김　떨려도 괜찮아. 금방 편해질 거야. 스케치북은 가로로 놓고 연필로 재미있
　　게 낙서를 먼저 해 봐.

홍　낙서요? 그냥 낙서하면 돼요?

김　낙서를 재미있게 하면 충분한데, 가능하면 진한 선부터 연한 선까지 강약
　　을 다양하게 쓸 수 있으면 더 좋지.

홍   음… 오늘 회사에서 좀 짜증 나는 일이 있었나 봐요. 뭔가 화난 그림처럼 보여요.

김   그러네. 누군가 콕콕 찔러 주고 싶은 사람이 있었나 보네. 낙서하면서 머리가 시원했겠는걸.

홍   맞아요. 처음에는 그냥 그리기 시작했다가 점점 화 같은 게 올라오면서 저도 모르게 손에 힘이 들어갔어요. 그리고 짜증 나는 것을 마구 표현하다 보니까, 마음이 좀 후련해지고 시원해지는 게 느껴졌어요.

김   나를 드러내기 시작하면 그것이 동기가 되어 또 다른 표현을 끌어내지. 그것을 막지 않고 계속 펼치기 시작하면 내 마음의 세상이 밖으로 나타나게 되는데, 그것이 짜증이든, 분노든, 사랑이나 부끄러움이든 그대로 드러내면 보는 사람에게 아름답거나 좋게 보이게 되는 거야.

홍   그래요? 저는 막 그렸는데 이게 좋게 보이나요? 믿어지지 않는데요. 사실, 그리면서 제가 좋았기 때문에 어떻게 보이든 상관없긴 해요.

김   '상관없다'라는 말이 참 좋게 들린다. 이제 손과 연필을 마음으로 연결해 봤으니 좀 더 '자기'를 만나 볼까?

홍   네, 좋아요.

나답게 낙서해 보기

주변을 둘러보세요. 손에 잡히는 필기도구가 있다면 무엇이든 좋습니다. 아래의 공간에 낙서를 해보세요. 손끝에 마음을 옮기고 종이 위 어느 곳에서든 시작해 보세요. 점점 나의 낙서가 나의 감각을 일깨우면 감정을 담아 무엇이든 가득 채워 보세요. 가능하면 가장 약한 선부터 아주 강한 선까지 다양한 선이 나오도록 해보세요.

나의 낙서를 다시 보고 떠오르는 단어들을 가능한 한 많이 적어보세요.

여러 개의 단어 중에 가장 마음에 드는 단어에는 ○ 동그라미, 가장 불편한 단어에는 ☆ 별표를 해보세요. 그림을 사진으로 찍어 아래의 블로그에 올려주세요. 그림에 대한 제 생각을 전해 드리겠습니다. https://blog.naver.com/eunjin4913

03 | 가로선 그리기

김　지난번에 낙서하면서 손과 연필을 마음으로 연결했었지.
오늘은 선을 그어 볼 거야. 새 도화지하고 연필은 준비됐지?

홍　네, 여기 있어요.

김　그럼, 책상 위에 도화지를 가로로 놔봐.

홍　네, 가로로 놨어요. 선생님.

김　이제 두 발을 바닥에 붙이고 몸을 편안하게 해 봐.

홍　네.

김　발바닥을 바닥에 놓으면 몸은 더 안정되고 허리가 곧게 펴지는데, 그대로 몸을 편안한 상태로 두면 돼.

홍　두 발이 바닥에 붙으니까 정말 몸이 더 안정되는 거 같아요. 그런데 한쪽 다리가 올라오면 어떻게 하나 걱정이 되기도 해요. 발바닥이 계속 바닥에 붙어 있어야 하나요?

김　억지로 반듯한 자세를 유지하려고 노력할 필요는 없어.

홍　그럼 다리를 올려도 돼요?

김 응, 한 번만 의식적으로 편안하게 두 발을 바닥에 붙여보고, 그 자세가 편하면 그대로 하지만 불편해지면 홍이 편안한 쪽으로 몸을 놔두면 돼.

홍 편안하게 몸을 놔두면 되는군요.

김 홍이 평소에 불안하거나 긴장되어 있으면 자신도 모르게 한쪽 발이 바닥에서 떨어지고 다리가 꼬아지거나 떨리게 돼. 그럴 때는 억지로 발바닥을 붙이려고 하기보다 내 몸이 어떻게 움직이나 바라봐줘.

홍 내 몸을 그냥 봐주라고요?

김 응, 내 몸이 편해하는 모습을 인정해 주는 거지. 말하자면, 나의 몸과 대화하는 거야.

홍 아무렇게나 해도 된다는 말씀은 아닌 거 같고… '몸과 대화한다.'라는 말도 어렵게 들려요. 아무튼, 우선은 이 자세가 편하지만, 계속해서 자세를 유지하려고 애쓰지는 않을게요.

김 그래, 그거야. 자, 이제 준비됐으면, 연필로 도화지에 가로선을 이렇게 그으면 돼.

홍 네.

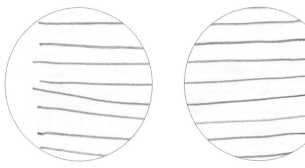

시작하는 점을 알면서 시작한다.　　　끝나는 점을 알면서 끝낸다.

김　잠깐, 선 긋는 과정을 좀 더 자세히 설명해 볼게. 잘 보고 들어봐. 먼저 선을 처음 그을 때 내가 긋기 시작하는 것을 알아차려야 해.

홍　네.

김　그리고 중간에는 손 가는 대로 마음으로 따라가고, 마지막 끝날 때, 끝나는 순간에 내가 끝난다는 것을 알아차려야 해.

홍　선생님… 설명하시니까 너무 어려워요.

김　다시 말해 볼게. 처음 시작할 때 연필이 종이에 닿는 순간을 인식하고, 중간에 가는 방향으로 마음을 편하게 두었다가, 끝날 때, 끝나는 그 순간을 알아차리는 거야.

홍　일단 해볼게요. 하다 보면 알게 되지 않을까요?

김　그래, 막상 해보면 무슨 말인지 알 거야. 요즘 명상에서 얘기하는 '알아차림'과 같은 것인데 어떤 면에서는 좀 더 선명하게 '알아차림'을 경험하는 방법이지. 한번 시작해 봐.

홍 선생님, 생각보다 재미있어요.

김 알아차린 상태에서 선 긋기를 하면 몰입이 일어나. 어떤 면에서 선을 긋는 명상이라고도 할 수 있어. 명상이라고 하면 너무 거창하게 들리지만 다를 게 없어.

홍 음… 명상을 해본 적은 없지만, 명상하는 것이 선 긋는 것과 비슷하다는 말씀이죠?

김 맞아. 선을 그을 때 내 마음속에 연필과 종이가 만나는 순간의 진동에 머물면서 연필, 내 몸, 종이와 연결되는 것을 느끼면, 그 순간의 흔적이 종이 위에 남는 거지. 이 순간이 나로서 깨어 있는 순간이야.

홍 선생님, 제가 '나로 깨어나는 순간'이라는 말을 제가 선 긋기 하기 전에 들었으면 좀 이상하게 들렸을 거 같은데요, 지금은 뭐랄까, 알 거 같아요. 선을 그으면서 조금 다른 느낌이, 나라는 느낌이 있었던 거 같아요.

김 그래, 그 느낌이야.

김 내가 어떤 선을 긋고 있는지 계속 확인하는 것이 아니고, 그대로 나오는 순간에 맡겨 버리면 내가 담긴 나의 선이 흔적으로 남지. 이 순간이 창조이고 현존하는 순간이야. 그리고 이어서 근원을 알 수 없는 생생한 기운에 이끌려 다음 행위로 이어지게 돼. 창조는 또 다른 창조를 이끌어내지. 그 순간, 이 창조의 순간이 재미있게 느껴지는 거야.

홍 선 하나를 긋고 창조했다고 하시는 말씀이 조금 과장되게 들려요. 하지만 별거 아닌 선 긋기가 나쁘지 않았던 건 사실이에요. 선생님이 말씀하신 데로 깨어나는 느낌 같기도 하고요.

나를 닮은 가로선 그리기

책상 위에 스케치북 또는 적당한 크기의 종이를 가로선으로 놓아보세요. 잠시 자신의 발바닥이 어떤 모양으로 있는지 마음으로 살펴보세요. 몸이 편안해지셨나요? 그러면 이제 연필로 가로선을 그어보세요. 처음 시작하는 점을 알고, 움직이는 방향으로 마음을 담아 긋다가 끝나는 그 순간을 알면서 가로선을 그어보세요.

나를 닮은 가로선에 제목을 붙여보세요.

04 | 세로선 그리기

김   그래, 그럼 또 다른 선을 그어보자. 이번에는 도화지를 세로로 놓아봐.

홍   네, 준비되었어요.

김   이번에는 도화지를 세로로 놓고 아래로부터 위로 긋는 거야. 이렇게.

아래서
위로 긋는다.

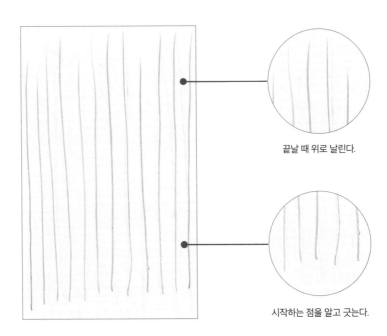

끝날 때 위로 날린다.

시작하는 점을 알고 긋는다.

홍   여기에도 방법이 있나요?

김   비슷하긴 한데, 처음에 시작할 때 내가 시작하는 줄 알고 시작해. 그리고 몸 가
      까운 곳에서 먼 쪽으로 쭉 올라가다가 마지막에는 하늘로 날리는 거야.

홍   하늘로 날려요?

김   응, 시원하게 하늘로 날려.

홍   한번 해볼게요.

홍 음… 이번에는 무언가 조금 소심해진 느낌이에요.

김 그렇게 보여.

김 사람에 따라 가로선이 더 편한 사람이 있고, 세로선이 더 편한 사람이 있어. 정확히 말하면 그 사람의 현재 상태에 따라 다른 거지.

김 지금 홍이 가로선이 더 편하게 느껴졌다면, 홍의 상태가 조금 안정이 필요한 상태라고 말할 수 있어.

홍 그러게요. 요즘 회사 일로 마음이 내내 피곤했어요. 무언가 해야 할 것 같기는 한데, 마음만 조급하고 자신이 없었어요.

김 충분히 휴식을 취하고 나서, 무언가 지금까지는 다른 새로운 일을 펼치고 싶은 상태가 되면 오히려 세로선이 더 신나고 재미있게 느껴지게 될 거야.

홍 그래요? 정말 신기하네요. 이렇게 선을 긋는 것으로 나의 상태를 알아볼 수 있다는 말씀이죠?

김 맞아. 나의 상태를 알 수도 있고, 도움을 받을 수도 있지.

홍 도움이요? 어떻게 도움을 받는 거죠?

김 예를 들어 마음이 좀 불안하고 힘들 때 가로선 긋기를 천천히 하면, 몸이 이완되고 마음의 안정을 더 빨리 찾을 수 있어.

홍 그건 확실히 알 거 같아요.

김 그리고 무언가 새로운 기운이 필요할 때 세로선 긋기는 나의 마음을 더 진취적으로 만들어 주지.

홍 선생님, 생각보다 '가로선 긋기'와 '세로선 긋기'가 쉽고 재미있는데요. 다른 선 긋기는 없나요?

김 '나선 그리기'가 있는데 다음 시간에 더 해보자. 혹시 집에 가서 선 긋기를 좀 더 재미있게 해보고 싶으면 연필 말고 다양한 재료로 선 긋기를 해 봐. 색연필이나 수채물감을 이용해서 다양한 선을 그려봐도 좋고. 훨씬 재미있을 거야. 재료마다 다른 느낌이 있는데 그것을 즐기면서, 저마다 다른 선의 아름다움을 느끼는 거지.

홍 그럼 집에 있는 필기구 아무거나 다 사용해도 좋아요? 형광펜 같은 것도요?

김 응, 좋아. 하나씩 사용하면서, 재료마다 다르게 표현된다는 것을 느껴봐. 서로 다른 선에 하나씩 다른 제목을 붙여보면 자신에 대해 좀 더 잘 알 수도 있어.

홍 네, 그렇게 해볼게요.

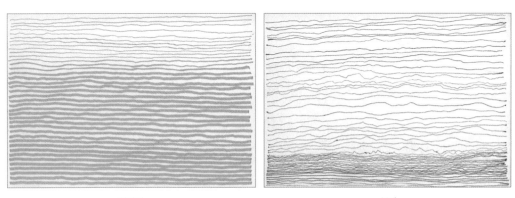

형광펜 볼펜

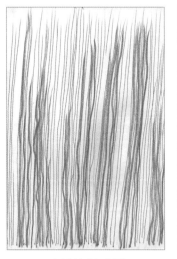
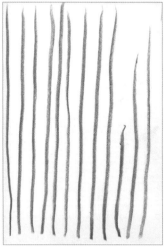

빨간색 볼펜과 색연필	색연필	연필

김 열심히 하네.

홍 그러게요. 이렇게 여러 장을 그리려고 한 건 아닌데 그리다 보니 자꾸 하게 됐어요.

김 어떤 선을 가장 먼저 그렸어?

홍 형광펜으로 가로선을 먼저 그렸어요.

김 그리고?

홍 세로선은 색연필로 시작했는데, 나중에 좀 지쳤어요. 그래서 연필로 그려 봤는데 오히려 세로선은 연필이 훨씬 편했어요.

김 역시! 홍, 요즘 좀 안정이 필요한 시기인 거 같아. 세로선이 아주 힘들어 보여. 편안하게 그림 그리면서 자신을 돌보는 시간을 더 많이 가지면 좋겠네.

나를 닮을 세로선 그리기

아래로부터 위로 뻗어 올라가는 세로선을 그어보세요.
먼저 시작 지점을 알고, 끝날 때는 위로 날려 보세요.

스스로 마음을 점검해 보세요. 가로선과 세로선 중 어느 선이 더 편한가요?

만약 가로선이 더 편하게 느껴지셨다면 지금 당신의 마음은 복잡한 일상에서 잠시 벗어나 휴식이 필요할 때입니다.
만약 세로선이 더 신나고 좋으셨다면 이제 새롭고 창조적인 일에 도전해 볼 준비가 된 것입니다. 가끔, 선 긋기로 나와 대화하는 시간을 가져 보세요.

나를 닮은 세로선에 제목을 붙여보세요.

05 | 회오리 그리기

김 이번에는 회오리를 그려보자.

홍 회오리요? 어떻게 그리면 돼요?

김 흔히, 골뱅이라고 말하는 거 있지? 나선형이라고도 할 수 있고.

홍 내가 그리고 싶은 데로 그려요?

김 응, 도화지에 큰 나선형 하나를 그려봐.

김 중심에서 밖으로 그려도 좋고, 밖에서 중심으로 들어오게 그려도 좋아. 그리고 선의 방향이 왼쪽에서 오른쪽으로 움직여도 좋고, 반대로 오른쪽에서 왼쪽으로 움직여도 좋고.

홍 이건 그리는 거 안 보여주세요?

김 이번에는 그냥 해봐. 그리는 걸 보여주면 무의식적으로 따라 하게 되거든.

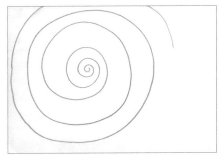
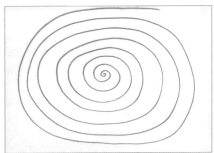
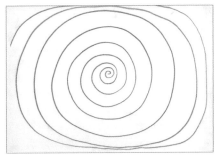

서로 다른 방향으로
그려진 나선형

홍   저는 밖에서 안으로 들어오는 나선형을 그렸는데, 무언가 마음이 좀 편안해지고 에너지가 모이는 느낌이 들었어요. 잘한 건가요?

김   응, 너무 잘한 거야. 홍은 자신을 돌보려는 자세를 이미 가지고 있네. 선을 그으면서 스스로 자신과 대화를 시작하잖아.

홍   제가 자신과의 대화를 시작했다는 말씀이 정확히 무얼 말씀하시는 것인지 모르겠어요.

김   홍이 지금 회오리를 그리면서 드는 느낌을 말했잖아. 마음이 편해지고 에너지가 모이는 거 같다고. 그건 자기 생각과 감정이 어떻게 변화하는지를 존중하면서 그것을 사용하고 있다는 의미야. 조금 어렵지? 아직은 잘 몰라도 괜찮아.

홍　그게 좋은 건가요?

김　좋다기보다 중요한 거라고 말하는 게 옳겠지. 자기가 자신의 반응을 존중하는 것, 그것이 어쩌면 나를 위한 그림 그리기의 전부라고도 할 수 있거든.

홍　그게 전부라는 말씀이 오히려 기운이 빠지는데요. 제가 뭘 했는지 모르겠는데 다했다고 말씀하시는 거 같아서 '더 배울 것이 없나' 하는 생각에 좀 기운이 빠져요.

김　나는 홍에게 무언가 가르치고 있는 게 아니야. 이미 홍이 하고 있는 것들이 얼마나 가치 있는 일인지 스스로 알도록 일깨우는 거지. 더 정확히 말하면 그리기는 가르칠 수가 없어.

김　회오리 그리기의 의미를 설명해 줄게. 미스 홍이 회오리를 밖에서 안으로 그렸다면 자신의 에너지를 안으로 응축하고 싶다는 표현이야. 밖에 벌려 놓았던 여러 가지 일들을 좀 정리해서 내 안의 힘을 키우는 것이 필요할 때라는 의미이지.

홍　말씀을 듣고 보니 처음에 했던 가로선, 세로선 긋기와 비슷한 느낌이네요.

김 맞아. 그런데 조금 다른 것은 가로선보다 이 회오리가 통합의 효과가 더 강력하다는 점이야. 가로선이 마음을 편안하게 안정시키는 것이라면, 회오리는 에너지를 내부로 모으는 힘이 있지.

홍 그럼 나선이 안에서 밖으로 그려지는 의미는 뭐예요?

김 음, 그건 나의 에너지를 세상으로 펼치고 싶다는 의미지. 나를 중심으로 세상을 펼치는 모습이잖아. 지금 미스 홍은 안으로 들어가는 회오리가 편하더라도 어느 시점에는 그 방향이 바뀌게 될 거야.

홍 그러면 이 회오리를 매일 한 번씩 그려보면 그 시기를 스스로 알 수 있겠네요.

김 응, 맞아. 만약에 회오리 그리는 것을 더 해보고 싶으면 연필 말고 크레파스나, 파스텔, 색 볼펜이나 색 사인펜 등으로 그려보면 더 재미있을 거야.

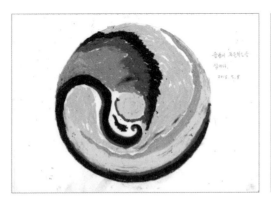
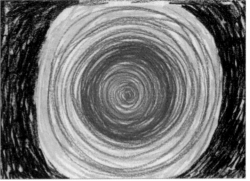

김 특히 미술치료에서는 이 둥근 원형의 그림을 만다라라고 부르는데, 미술 치료에 만다라를 처음 활용한 사람은 구스타프 융이었어.

홍 융이라면 그 프로이트만큼 유명한 심리학자 아니에요?

김 잘 알고 있네.

김 융은 세계의 여러 문명을 돌아다니면서 인류의 모든 문명에서 원형 문양을 가지고 있다는 것을 확인했어. 그리고 이 원형의 문양이 인류에게 어떤 커다란 의미와 가치를 지닐 것이라고 추측했지.

홍 모든 문명이라면 동양과 서양이요?

김 맞아. 예를 들어 불교를 상징하는 卍(만)자, 천주교 대성당에 만들어지는 장미의 창, 인디언 부족의 다양한 원형 문양, 그 밖에 아프리카와 오세아니아의 원시 부족 등에서 원형의 문양을 확인한 거지.

홍 그러게요. 우리나라에도 태극문양이 있네요.

김 맞아. 융은 자신의 이론에서 모든 인간은 궁극적으로 하나의 지향을 하고 있다고 생각했어. 그 지향점이 '통합'인데, 원형의 문양이 인간의 통합을 상징한다는 거지. 그래서 융은 매일 한 장의 만다라를 그리는 사람은 평생 정신병원에 가지 않아도 된다고 주장하면서, 만다라 그리기를 정신 치료에 사용했고, 융 자신도 많은 만다라를 그렸지.

홍 그럼, 동그랗게 생긴 그림을 그리기만 하면 정신 건강이 유지된다는 말씀인가요? 그 의미를 몰라도요?

칼 구스타프 융 (1875년 ~ 1961년)
융은 모든 인간은 궁극적으로 '통합'이라는 하나의 지향점을 향하고 있다고 생각했다. 그리고 그 지향점의 상징인 원형의 문양을 매일한 장씩 그리는 사람은 평생 정신병원에 가지 않아도 된다고 주장하면서, 원형(만다라) 그리기를 정신 치료에 사용했고, 융 자신도 많은 만다라를 그렸다고 한다.

김 응, 맞아.

홍 그래도 내가 그린 그림의 의미가 무엇인지 알면 더 좋을 거 같아요. 그림마다 의미가 있지 않을까요? 가로선, 세로선, 회오리가 서로 다른 의미가 있었던 것처럼요.

김 응, 그 말도 맞는 말이야. 그 의미를 아는 것은 분명히 긍정적이야. 그런데 그 의미를 알아가는 과정 자체가 더 중요해.

홍 그림의 의미를 알아가는 과정이 더 중요한 거라면, 그 알아가는 과정이라는 것이 어떻게 하는 거죠? 저는 그림에 대해 아는 것이 없는데요.

김 미스 홍, 스스로 그림에 대해 아는 게 없다고 말하지만, 사실은 그렇지 않아. 누구나 그림을 보고 그 의미를 찾아갈 수 있어. 다만, 그것의 가치를 얼마나 믿느냐에 따라 의미를 찾을 수도 있고 아무런 의미도 찾지 못할 경우가 있을 뿐이야.

홍 그러면 저도 제가 그린 만다라를 보고 그 의미를 찾아갈 수 있다는 말씀인가요?

김 맞아. 그것이 얼마나 가치 있는 일이라는 것을 안다면 분명히 그래.

홍 그냥 보기만 하면 아는 건가요?

김 그냥 보기만 하면 아는 게 아니라 계속해서 보면 알 수 있지.

김 그림에 대해 다른 사람들에게 느낌을 물어보고 대화를 해보는 것도 좋은 방법이야. 자신에 대한 불분명했던 느낌을 더 정확히 알게 되거든. 그렇게 찾아진 의미는 계속해서 나 자신을 새롭게 만들어 갈 수 있어.

홍 그러면 그림의 의미라는 것이 정확하게 하나 있는 게 아닐 수도 있겠네요.

김 의미는 복합적일 수 있어. 단 한 가지라고 할 수 없다는 것이 맞겠지.

홍 그럼 그때그때 보고 싶은 데로 보면 되는 건가요?

김 그 질문에 대해서는 다음 수업에 좀 더 생각해 보자. 다음 수업에는 연필로 그린 가로선, 세로선, 회오리 선을 가지고 선에 담긴 의미에 관해 이야기해 보자.

내 마음을 보여주는 회오리 그리기

먼저, 마음을 편안하게 이완시켜 보세요. 연필로 회오리를 그린다고 생각하고 편안한 방법으로 회오리를 그려보세요.

어떻게 회오리를 그렸나요? 적어보세요.
안에서 밖으로? 밖에서 안으로? 왼쪽에서 오른쪽? 오른쪽에서 왼쪽?

만약, 안에서 밖으로 그리는 것이 편했다면 이제 무엇인가 새롭게 시작해 볼 수 있는 에너지 상태에 온 것이라 믿어보세요.
반대로, 밖에서 안으로 들어오는 선이 더 편안했다면 잠시 더 휴식과 이완을 하는 시간을 갖는 것이 어떨까요?

나에게 힘을 주는 만다라 그리기

주변에 어떤 채색 용구가 있는지 찾아보세요.
색연필이나 색 사인펜, 파스텔이나 컬러 마커, 수채물감 등 무엇이든 좋습니다.
여러 가지 색 중에 먼저 손이 가는 색으로 만다라를 시작해 보세요.
한 가지 색으로 완성해도 좋고, 여러 가지 색을 혼합해서 완성해도 좋습니다.

첫 번째, 만다라를 그리고 나서 떠오르는 단어를 최대한 많이 적어보세요.

두 번째, 만다라 그리기

처음에는 사용하지 않은 색으로 두 번째 만다라를 시작해 보세요.
한 가지 색으로 완성해도 좋고, 여러 가지 색을 섞어서 완성해도 좋습니다.

두 번째 만다라를 그리고 나서 떠오르는 생각이나 느낌을 최대한 많이 적어 보세요.

세 번째, 만다라 그리기

이제 당신은 만다라 그리기가 익숙해졌습니다. 그리고 첫 번째와 두 번째 만다라를 그리면서 스스로 알게 된 것이 있습니다. 당신은 만다라를 그리는 방법, 그 효과, 그 느낌을 알게 되었습니다. 마지막으로, 더 마음속 깊은 곳으로 내려가 낯설고 두려운 감정과 만나 보세요. 그 감정과 생각을 만다라로 완성해 보세요.

세 번째 만다라의 제목을 적어보세요.

석 장의 만다라를 그리면서 자신의 그림이 어떻게 변화해 왔는지 비교해 보세요.
그 변화의 의미가 무엇인지 적어보세요.

06 | 선 안에 담긴 나

김 여기에 서로 다른 사람이 그린 선들이 있어. 미스 홍과 마찬가지로 가로선, 세로선, 회오리를 연필로 그렸어. 이 선들이 홍의 선과 같게 보여? 다르게 보여?

홍 당연히 다르죠. 제가 그린 선과는 뭔가 느낌부터 달라요.

김 듣고 싶은 대답을 해줘서 고마워.

김 지금 홍이 달라 보인다고 대답을 한 것은 홍이 먼저 선을 그려 봤기 때문이야. 만약에 선을 그어보지 않고, 서로 다른 두 사람의 선들을 봤다면 별로 다르지 않다고 대답했을 수도 있어.

홍   그럴까요? 이렇게 다른데요?

김   왜냐하면 그냥 선이라고 생각하고 보면, 가로선, 세로선, 나선일 뿐이거든. 미스 홍은 한 번의 체험으로 그만큼 선에 대한 민감도와 이해력이 높아진 거지.

홍   뭔가 뿌듯한데요.

김   이 세 장의 그림은 한 사람이 그린 선이야. 이 세 장의 그림에서 공통점으로 읽어지는 어떤 독특한 느낌을 찾아낼 수 있어? 그러니까 미스 홍이 그은 선에는 없는 것. 이 사람에게만 있는 존재방식을…

홍   뭐라 한마디로 말할 수는 없지만, 저와는 분명히 다른 뭔가가 있다는 것은 알겠어요. 자신감 있고 소탈하지만, 더 힘이 있어 보여요. 의지가 강한 사람일 거 같아요.

김   잘 봤어. 그게 그림을 읽는 방법이야.

홍   제가 무엇을 한 거죠?

김   지금 미스 홍은 마음을 가지고 선의 결을 읽었잖아?

홍   맞아요. 제가 제 마음으로 그 선들을 느끼려고 했던 거 같아요. 그리고 그 느낌으로 그린 사람을 상상해 본 거 같아요. 그랬더니 명확하지는 않지만, 그 사람을 짐작할 수 있을 거 같다는 생각이 들었어요.

김   지금 미스 홍이 자신의 선을 그어 봤기 때문에, 선의 결을 몸으로 느끼기 좀 더 쉬웠던 거야. 그리고 그렇게 나의 몸으로 연결되면 자연스럽게 그것의 의미가 알아 지는 것들이 있지.

홍   그런데 그건 그냥 나의 주관적인 생각인데 그것을 이 그림의 의미라고 믿어도 되나요?

김 '믿어도 되느냐? 믿으면 안 되느냐?'라고 질문하면 나는 당연히 자신의 체험을 믿어야 한다고 대답할 거야. 그림의 의미를 찾는 것은 정답을 맞히는 것이 아니야. 내가 그린 사람을 '이해하는 과정'이거든.

홍 '이해하는 과정'이라는 말씀이 멋있게 들려요.

김 우리는 그림을 그린 사람을 완전히 알 수는 없어. 다만 내가 알 수 있는 부분부터 알아갈 수 있을 뿐이야.

홍 그 말씀도 맞는 말씀 같아요. 그런데, 예술가도 너무 많고 사람들도 너무 많은데 좀 지칠 것 같아요.

김 그렇지. 세상의 모든 예술가를 다 알아야 한다면 분명히 힘든 일이야. 하지만 나를 알아가는 과정이라고 생각한다면 의미가 달라지겠지.

홍 예술을 알아가는 과정이 나를 알아가는 과정이라고요?

김 그럼. 상대를 알아가는 과정은 세상의 모든 사람을 알아가는 과정이 아니라 나 하나를 온전히 알아가는 과정이야.

홍 선생님 말씀은 알 것도 같은데 언제나 분명하지는 않아요. 그러니까 제가 저 선들을 보고 자신감 있고, 소탈하면서도 힘이 있어 보인다고 한 것이 맞단 말씀인 거죠?

김 아니, 그게 맞았다는 게 아니야.

홍 그게 아니라고요?

김 잘했다는 거야.

홍 그 말이 그 말이잖아요?

김 전혀 다른 말이지. 맞단 말은 정답이 있고, 다른 답은 틀린다는 의미잖아.

그런데 잘했다는 말의 의미는 스스로 느끼고, 그것을 표현해 보는 과정이 매우 좋다는 의미야.

홍 아… 그 과정을 잘했다는 말씀이구나. 그럼 제 말이 틀릴 수도 있다는 말씀이군요.

김 그런데, 홍의 말이 틀릴 수는 없어.

홍 선생님… 머리가 아파요.

김 홍. 아직 이 말은 이해하지 못해도 되지만 그래도 설명은 해볼게. 나중에 이 말이 무엇을 뜻하는지 알 수 있게 될 거야.

김 왜 틀릴 수 없냐면, 미스 홍이 그 선들을 볼 때 마음속에 구체화할 순 없지만 무언가 알 것 같은 경험을 했어. 그것이 일종의 공명인데, 이런 공명이 마음속에 일어나면, 홍이 어떤 단어를 사용해서 말하든 그 선의 일부와 일치된 자신에게서 나오는 거야. 그 일체감으로부터 나온 말로 표현된 것이기 때문에 그 말은 틀릴 수 없어.

홍 그건 내 마음속에서 일어나는 일이잖아요. 어차피 보이지도 않는데 그런 경험 없이도 아무 말이나 하면 그건 다 맞는 거예요?

김 사람들이 경험도 없이, 남에게 듣거나 어디서 읽은 글들을 인용해가며 그럴듯한 말을 하지. 그럴 때는 어떤 말을 해도 맞을 수가 없어. 그건 그 사람의 것이 아니기 때문이야.

홍 그러면, 마음속에서 경험하고 표현한 것인지, 들은 말을 꾸며대는 말인지 어떻게 알 수 있나요?

김 그것도 그림을 읽는 것과 같은 방법으로 알 수 있어. 대충 들으면 잘 모르는데, 잘 들어보면 마음속에서 점점 선명하게 구별할 수 있어 져.

미술관으로 떠나는 나를 찾는 여행

한번, 가까운 미술관에 가 보세요. 그곳에서 가장 마음에 드는 작품 하나를 찾아보세요.
현대작품이든 고미술이든 관계없습니다. 마음에 드는 작품과 충분히 대화하는 시간을 가져 보세요.

아래 그 작품의 사진을 찍어 보세요.

이 작품을 통해 알게 된 나에 대해 적어보세요.

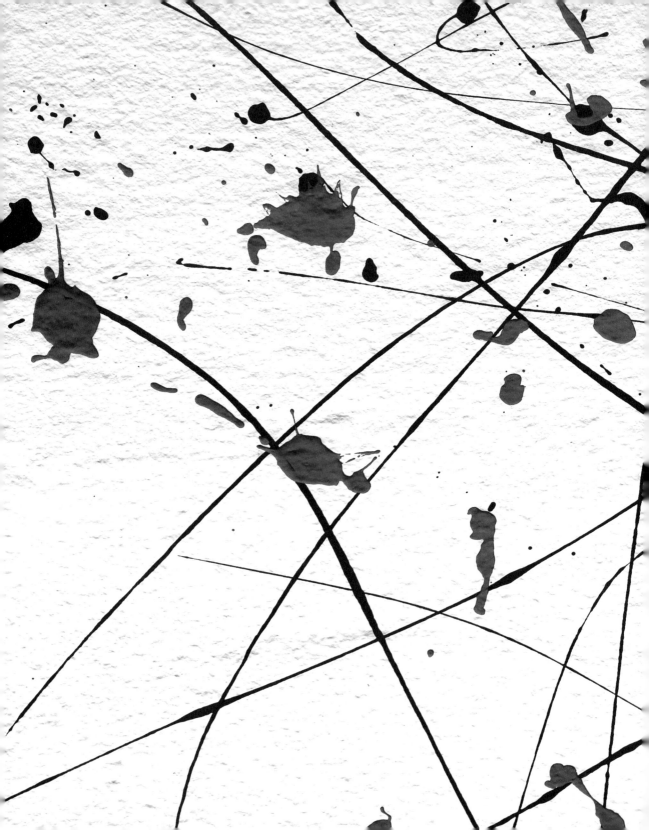

Part 2.

색으로
추상화를
그리다

정확히 말하자면, 말로 표현하기
어려운 것, 우리의 삶에
존재하지만 좀처럼 인식되기·
어려운 것을 표현해 내는 것이
예술의 가치라고 말한 거야.

김 파스텔로 그려보면 좋을 것 같아.

홍 말씀하신 64색 파스텔을 가져왔어요. 그런데 파스텔은 학교 다니면서 많이 써 보지 않은 거 같아요.

김 응, 우리나라 학교에서는 주로 크레파스나 수채, 포스터물감을 사용하지만, 파스텔을 많이 쓰지는 않지. 파스텔은 색이 다양하고 예쁜 대신 좀 불편한 점이 있거든.

홍 네, 색이 참 예뻐요. 그런데 뭐가 불편하죠?

김 크레파스나 수채물감은 모두 아교와 같은 접착제가 들어 있어서 그냥 그림을 그리면 색이 종이 위에 붙어 있는데, 파스텔은 접착 성분이 없어. 그래서 그리고 난 후에 털면 종이에서 색 가루가 떨어져 버리거든.

홍 아, 그렇구나. 그러면 그림을 그린 다음엔 어떻게 해야 하죠?

김 '픽서티브'라고 하는 접착제를 따로 뿌리고 말려서 보관해야 해. 사실 그보다 불편한 점은 그릴 때 가루가 손이나 옷에 묻거나 주변에 가루가 날리는 거야. 그래서 꼭 티슈나 물티슈를 같이 준비하는 게 좋아.

홍 네, 그럼 티슈와 물티슈를 가져와야겠네요. 그리고 픽서티브라는 것도 준비해 올게요.

01 | 나의 빨간색

김 파스텔 64색에는 여러 개의 빨간색이 있어. 눈으로 여러 개의 빨간색을 하나씩 천천히 봐봐.

홍 네, 진짜 색이 예뻐요.

김 지난번 가로선을 그을 때, 내가 "시작하는 것을 알아채고 그어라."라고 말했던 거 기억나?

홍 네, 그렇게 선 긋기를 하는 것과 명상하는 것이 비슷하다고 말씀하신 것도 기억해요.

김 그 방법과 비슷해. 눈으로 여러 개의 빨간색을 하나씩 보면서 내 몸의 반응으로 색을 선택하는 거야.

홍 몸의 반응이란 것이 좋아하는 색을 찾으라고 말씀하시는 거죠?

김 음… 비슷한데 조금 더 자세히 설명할게. 한번 잘 들어봐. 색은 인간의 정서를 불러일으키는 특성이 있어. 이 정서는 사실 미세한 떨림 같은 거지.

이 떨림을 더 미세하게 보면 수축되거나 이완되는 떨림인데 인간은 대체로 수축되는 것은 싫다고 생각하고, 이완되는 것을 좋다고 생각하는 경향이 있어. 정확히 말하자면 감정이나 생각은 나의 반응 이후에 선호에 따라 나타나는 거야. 예를 들어 어떤 파란색을 보고 몸이 이완되면서 편안해지며, 그것을 좋다고 느끼고, '나는 바다 같은 파란색이 좋아'라는 식으로 생각을 하게 되는 거지. 반대로 어떤 노란색을 보고 몸이 긴장되거나 수축되는 반응을 거부하면 뭔가 싫다는 느낌이 든 다음에 '퀴퀴한 냄새가 날 것 같아'라고 생각하는 식이지.

홍 그런가요? 그렇게 복잡한가요?

김 설명하자면 그런 거야. 색은 우리에게 언제나 크고 작은 감정을 불러일으키거든. 감정은 신체적 반응으로 나타나지. 그래서 미세한 색의 차이를 섬세하게 느껴보면 색마다 다른 몸의 반응을 일으킨다는 걸 알 수 있어. 어떤 색을 평소에 좋아한다고 생각하고 있었기 때문에 그 색을 선택하는 것은 현재가 아니라 과거의 기억으로 선택하는 거잖아. 그러니 지금 현재 내 몸의 떨림으로 빨간색을 선택해 보라는 거지.

홍 과거의 기억 말고 현재의 나의 감정을 섬세하게 느끼면서 빨간색을 골라 보라는 말씀인 거죠? 왠지 낯선데요.

김 어렵게 생각하지 말고 '나는 이런 빨간색을 좋아하는 사람이야'라는 고정된 생각에 얽매이지만 않으면 돼. 그냥 즉흥적으로 맘에 드는 빨간색 하나를 선택해봐.

홍 그냥 쉽게 해 볼게요.

김 맞아. 그렇게 하면 돼.

홍 이 빨간색에 왠지 마음이 끌리는데요.

김 응, 좋아. 마음에 드는 빨간색을 선택했다면 이제 그 빨간색을 선택하게 한 그 감각을 더 선명하게 떠올려봐. 그리고 그 감각을 그 빨간색으로 표현해 봐.

홍 음… 또 막막하네요. 그 감각을 표현하라는 말씀은 알겠는데 어떻게 해야 할지 모르겠어요.

김 예를 들어 그 빨간색에 대한 느낌이 부드럽고 따뜻하다면 종이 위에 부드 럽고 따뜻한 느낌이 나오도록 빨간색을 칠하면서 부드럽게 문지르면 되 고, 뭔가 강렬함이 좋았다면 그 강렬함이 느껴지도록 표현하면 돼. 파스텔 은 사용하는 방법에 따라 느낌이 완전히 달라지는데 그 방법을 스스로 찾 아보는 거야. 나의 현재의 느낌을 표현하게 하는 나만의 방법을.

홍 선생님은 언제나 간단한 것을 너무 복잡하게 설명하시는 거 같아요. 표현 방법까지 저보고 찾으라니 좀 황당하지만, 그냥 해 볼게요.

김 그래, 그렇게 하면 돼. 난 홍의 그런 면이 참 좋아. 편하게 해. 그게 중요해.

홍 제 성격이 그대로 드러난 거 같아서 좀 부끄러워요. 제가 좀 이상한 사람이 된 거 같아요.

김 내 눈에는 굉장히 멋있어 보여. 좋은 그림이야.

홍 그냥 막 칠한 것이 잘 그린 거예요?

김 아니, 막 칠한 게 잘 그렸다는 뜻은 아니야.

홍 그럼 뭐가 잘 그렸다는 말씀이에요?

김 잘 그렸다기보다 좋은 그림이야. 왜냐하면 미스 홍이 빨간색에 대해 가지고 있는 느낌이 생생하게 전달되고 있으니까.

홍 잘 그린 그림이 아니라 좋은 그림이라는 말씀도 정확히 구별되지 않아요. 그리고 느낌을 전달한다는 말씀도 저는 잘 모르겠어요. 그림 그리면서 솔직히 그냥 조금 시원하다는 느낌은 들었어요.

김 그래, 그 시원함. 내가 나의 반응을 그대로 드러내면 더는 설명이 필요 없어지고 평가도 어려워져. 하지만 그런 그림을 그리고 난 후에 훨씬 자신에 대해 잘 받아들이게 되지. 다른 한편으로 그 그림을 보는 사람에게도 그런 감정을 더 잘 받아들이도록 도와줄 수도 있어.

홍 제 그림을 보고 다른 사람이 더 좋아진다고요?

김 그럼, 좋은 그림은 그런 힘이 있어.

홍 정말 믿어지지 않는 말씀이에요. 하지만 칭찬 들으니 기분은 좋아요.

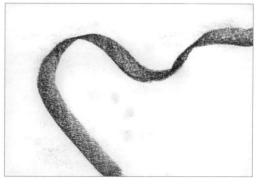

생각이 더 많이 들어간 빨간색 그림

※ 똑같이 말로 그리도록 요청해도, 사람마다 다르게 해석하고 다른 방식으로 그린다. 그 이유는 그림이라는 비언어적인 표현을 언어로 설명하는 데서 오는 차이 때문이기도 하며, 사람마다 언어를 비언어적인 행위로 연결 지을 때 선호하는 방식이 다르기 때문이기도 하다. 그러나 그 '다름'이 자신을 이해하는 것에 목적이 있을 때 모두 가치가 있다.

사실 자신의 반응을 그대로 표현하라는 요청은 사람들을 무척 당황하게 만든다. 당황하는 이유는 그 결과를 예측할 수 없다는 데서 오는 두려움 때문이다. 홍의 그림에 비해 두 그림은 자신의 느낌

자체보다 생각과 해석이 좀 더 많이 들어간 그림이다. 자기 나름의 경험과 해석이 들어갈 때, 반응에 의지해 표현했을 때 보다 자신과의 공명이 적어진다. 그것은 또한 타인에게 전달하는 호소력보다 이해를 이끌게 된다. 홍의 그림이 보다 직접적인 공명을 일으킨다면 이 두 그림은 그린 이가 해석하는 것에 대한 이해를 하게 한다. 예를 들어 '점점 변화하는 흔적을 저런 방식으로 그렸구나.' 라는 식으로 이해가 된다.

이러한 차이는 과거의 경험을 통해 결과를 통제하고자 하는 의도가 현재의 체험보다 더 중요하게 여겨지기 때문이다. 그래서 결과는 더 안정적이다.

사람들은 위의 그림에서도 어떤 느낌과 감정 또는 이해를 가질 수 있다. 미묘한 차이지만 본질적인 차이인데, 세 가지 그림 중 미스 홍의 그림이 더 좋은 그림이라는 의견에 동의하지 않는다면 일단, 질문으로 남겨 두면 좋겠다.

나의 빨강 그리기

도화지와 64색 파스텔을 준비해 보세요. 여러 개의 빨간색을 하나씩 마음과 연결해 보세요.
가장 강한 느낌이 있는 빨간색을 선택한 후 그 느낌을 빨강 색으로 표현해 보세요.

※ 파스텔로 그린 후 픽서티브를 뿌려서 말려 주세요.

위의 그림에서 느껴지는 그 느낌과 과거의 기억을 연결 지어 떠올려 보세요. 기억 속에서 이런 느낌을 받았던 적이 있었나
요? 그 장면을 글로 써 보세요. 만약 떠오르지 않는다면 마치 영화를 찍듯이 장면을 지어내도 좋습니다.

02 │ 나의 노란색,
나의 파란색

홍 　'노란색'도 같은 방법으로 그리면 되나요?

김 　홍이 '같은 방법'이라고 생각하는 '나의 노란색을 그리는 방법'을 한번 말
　　해 주겠어?

홍 　우선 파스텔색 중에 여러 노란색을 하나씩 하나씩 보면서 미묘한 나의 떨
　　림 같은 것을 느껴보는 거죠?

김 　응, 맞아.

홍 　그리고 그중 마음에 드는 노란색을 선택해요.

김 　선택한 다음에는?

홍 　선택하고 나서는 그려요.

김 　그래, 선택하고 그리면 돼. 그런데 그 부분을 잘 설명하기가 쉽지 않지?

홍 　맞아요. 그리는 그 부분이 중요한데 설명하려니까 쉽지 않은데요.

김 　설명이 어려운 것은 홍이 좀 전에 빨간색을 제대로 표현했기 때문에 나타

나는 현상이기도 해.

홍   그래요?

김   진짜 체험을 하고 나면 말문이 막히지. 원래 말과 체험은 관계가 없기 때문이야.

홍   그렇군요. 체험은 생생한데 말로 옮기려니까 '그린다'라는 말 외에 다른 말이 생각이 안 나요.

김   체험을 해 본 사람은 '그린다'라는 말로 충분히 그 의미를 알 수 있어. 하지만 만약 그 체험 부분이 확연치 않을 때는 좀 더 세밀하게 설명해 주면 도움이 되지. 내가 그 부분을 말로 설명해 볼게.

홍   네.

김   내가 선택한 노란색, 그 선택할 때의 내 몸의 반응에 의지해서 그게 뭐가 될지 모르는 상태에서 나의 노란색에 대한 반응을 표현으로 드러내 보는 거야.

홍   음… 역시 들어도 어렵네요. 저는 그냥 제가 할 수 있는 만큼 해 볼게요.

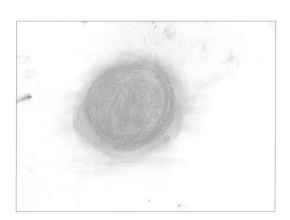

홍　아까 빨간색을 표현할 때만큼 시원하지는 않은데요. 뭐랄까 좀 찜찜해요.

김　나는 그 찜찜한 느낌도 나쁘지 않은데.

홍　그냥 좀 찜찜해요.

김　그래도 좋은 그림이야.

홍　이상해 보여요. 그런데 이 그림이 좋은 그림이라고요? 선생님은 그냥 다 좋다고 말씀하시는 거 같은데요.

김　홍의 그 찜찜한 느낌이 잘 전달돼서 나한테도 찜찜해 보이거든. 그래서 좋은 그림이야.

홍　그러니까 찜찜해 보여서 좋은 그림이란 말씀이에요? 이제는 놀리는 것처럼 들려요.

김　사실을 말하는 거야. 우리가 살면서 찜찜할 때가 얼마나 많아. 찜찜한 것도 인간의 삶의 일부잖아. 시원하고 명쾌하고 선명한 게 우리의 삶에서 얼마나 되겠어? 대부분은 찜찜하고, 잘 모르겠고, 미심쩍은 거지. 그런데 사람들은 그런 감정에 대해 별로 관심을 두지 않아. 가치 없는 것이라 여기기 때문에 무시해 버리는 거고. 그래서 그런 감정이 있다는 것 자체를 잘 모르지. 기분이 좋지도 않고 중요하지도 않은 감정이라고 생각하니까. 사람들이 잘 알아채지 못하는 것을 홍이 그대로 드러냈으니 좋은 그림이라는 거야. 아주 좋은 그림이지.

홍　칭찬하시는 것 같기도 한데 한편으로는 온전히 이해되지 않아서 바보가 된 기분이에요.

김　그래, 물론 관념적인 이야기라 이해시키기가 쉽지 않지만, 그럼에도 불구하고 피해갈 수 없는 정말 중요한 이야기야. 왜냐하면, 자신의 감정을 알아채고 표현하는 것이야말로 인간에게 예술이 필요한 이유이기 때문이야.

홍   지금 찜찜한 것을 표현하는 것이 예술의 가치라고 말씀하시는 거예요?

김   정확히 말하자면, 말로 표현하기 어려운 것, 우리의 삶에 존재하지만 좀처럼 인식되기 어려운 것을 발견하고 표현해 내는 것이 예술의 가치라고 말한 거야.

홍   그런가요?

김   지금은 이해하지 못해도 괜찮아. 다음에 또 이야기할 기회가 있을 거야. '파란색'을 표현해 보도록 하자.

홍   네, '나의 파란색'을 그려볼게요.

홍　평화롭고 시원한 것을 표현해 보고 싶었어요. 어떻게 보이세요?

김　좋아 보여.

홍　그게 다예요?

김　응.

홍　조금 서운한데요.

김　평화롭고 시원한 것을 그렸구나 싶어.

홍　제가 무언가 잘못한 건가요?

김　아니, 잘했어.

홍　그런데 무언가 선생님의 반응이 서운하게 느껴지는 건 왜일까요?

김　글쎄, 뭐가 서운할까? 이 말 들으면 조금 혼란스러울 텐데.

홍　그래도 말씀해 주세요. 알고 싶어요.

김　'나의 파란색'은 홍이 무얼 그리는지 알고 있었고, 그것을 표현했어. 아까 빨간색이나 노란색과 다른 점이 있다면 말로 표현할 수 없는 그 이상의 것이 발견되지 않는다는 점이지.

홍　그것이 뭐가 문제죠. 전 사실 이 그림이 제일 좋거든요. 편안하고 시원하고 아주 맘이 편해요. 앞의 두 그림은 뭐랄까, 뭘 했는지 잘 알지 못해서 조금 불편했다면 이 그림은 내가 무엇을 했는지 알 것 같아서 좋아요.

김　그러니까 나도 좋다고 했잖아. 다만, 그 이상의 감동, 그 이상의 경험이 선명하지 않아서 아쉽다면 아쉬운 거지.

홍　그런데 저는 왜 이 그림이 편안한 거죠?

김   사람은 자신이 하는 일이 무엇인지 알면 편안하지. 자신이 하는 일이 무엇을 하는지 모르겠다거나 틀릴 수도 있다고 생각하면 불안해지는 거야. 하지만 인간의 행동을 옳고 그르다고 단정 지을 수 있을까? 오히려 단정 짓기 시작하면서 무언가 잘못하기 시작한 것은 아닐까?

홍   그럼 저의 파란색 그림이 무언가를 단정 지어가며 그린 표현인가요?

김   그렇게 보이지는 않아. 다만 많은 사람이 느끼는 데로 느끼고 표현했기 때문에 빨간색과 노란색에서 보이는 특별한 매력은 느끼기 어렵다는 거야. 하지만 홍이 가지고 있는 파란색의 느낌을 잘 표현했다고 느껴져.

홍   네, 나중에 선생님이 하시는 말씀이 어떤 것인지 알게 되는 날도 있겠죠. 다음은 무엇을 해 볼까요?

김   이제, 빨간색과 노란색, 파란색으로 표현한 세 장의 그림을 보고 마음에 드는 순서대로 놓아봐.

홍   저는 파란색이 가장 마음에 들고, 그다음에 빨간색, 노란색 순으로 마음에 들어요.

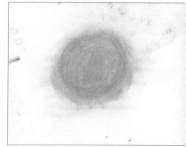

김 나는 빨간색이 가장 마음에 들고, 노란색, 파란색 순서인데.

홍 저와는 다른 순서네요.

김 다르다는 것은 나름의 의미가 있지. 하지만 언제나 자신의 의견을 더 중요하게 생각하면 점점 더 잘 배울 수 있게 돼.

홍 선생님의 의견과 비슷해지면 더 많이 배운 건가요?

김 당연히 그렇지 않아. 나의 의견에 다른 사람의 의견을 더하는 게 더 많이 배운 거야. 그래서 자신의 의견을 중심에 두어야 계속 배울 수 있어. 오늘까지는 보다 선명한 감정을 색으로 다루었다면 다음 시간에는 더 복잡한 감정을 그림으로 표현해 보자.

홍 네, 좋아요.

나의 노랑 그리기

도화지와 64색 파스텔을 준비해 보세요. 여러 개의 노란빛을 하나씩 마음과 연결해 보세요.
가장 느낌이 있는 노란빛을 선택한 후 그 느낌을 표현해 보세요.

※ 파스텔로 그린 후 픽서티브를 뿌려서 말려 주세요.

위의 그림에서 느껴지는 그 느낌과 과거의 기억을 연결 지어 떠올려 보세요. 기억 속에서 이런 느낌을 받았던 적이 있었나
요? 그 장면을 글로 써 보세요. 만약 떠오르지 않는다면 마치 영화를 찍듯이 장면을 지어내도 좋습니다.

나의 파랑 그리기

도화지와 64색 파스텔을 준비해 보세요. 여러 개의 파란색을 하나씩 마음과 연결해 보세요.
가장 강한 느낌이 있는 파란색을 선택한 후 그 느낌을 파란색으로 표현해 보세요.

※ 파스텔로 그린 후 픽서티브를 뿌려서 말려 주세요.

위의 그림에서 느껴지는 그 느낌과 과거의 기억을 연결 지어 떠올려 보세요. 기억 속에서 이런 느낌을 받았던 적이 있었나요? 그 장면을 글로 써 보세요. 만약 떠오르지 않는다면 마치 영화를 찍듯이 장면을 지어내도 좋습니다.

빨강, 노랑, 파란색 그림의 순서

당신이 그린 빨강, 노랑, 파란색 그림을 다시 한번 살펴보세요.
먼저, 가장 마음에 드는 순서대로, 적어보세요.

친구나 가족들에게 당신이 그린 빨강, 노랑, 파란색 그림을 보여주고,
가장 마음에 드는 순서대로, 적어달라고 요청해보세요.

누구 :

누구 :

누구 :

누구 :

자신이 선택한 순서와 비슷한가요? 아니면 다른가요?
선택에는 나름의 이유가 있습니다. 만약 당신이 가장 마지막으로 선택한 그림을 가장 먼저 선택한 사람이 있다면, 그 이유를 물어보세요. 당신이 알지 못하는 당신의 장점을 찾아 줄 것입니다.

03 | 당신의 오늘은
무슨 색인가요?

김 오늘은 내가 좀 추상적인 질문을 할 거야. 어떻게 들으면 전혀 이치에 맞지 않는 질문인데, 조금 새겨들어보면 무슨 의미인지 이해할 수 있을 거야.

홍 네, 말씀해 주세요.

김 홍의 오늘은 무슨 색이야?

홍 네? 저의 오늘이 무슨 색이냐고요? 음… 조금 난해한 질문이네요?

김 말로 대답할 필요는 없어. 미스 홍 자신에게 질문하고 천천히 파스텔의 색들로 눈을 옮겨봐. 그리고 색을 찾아봐.

홍 나의 오늘을 색으로 찾으라는 말씀이죠?

김 지난번 자신의 빨간색, 파란색, 노란색을 선택한 것과 같은 방법이야. 오늘의 색이라는 질문을 스스로 하면서 색을 하나씩 눈으로 보는 거야. 그리고 지금, 이 순간 그 질문에 대한 어떤 공명이 일어나는 색을 선택해봐.

홍 이 색이 마음에 드는데요.

김 응, 잘했어. 그 색을 선택한 것은 누구지?

홍 당연히 저죠.

김 맞아. 홍이 선택했지. 그런데 선택이라는 것은 언제나 의미가 있어. 64색 중 하나를 선택하든, 단둘 중 하나를 선택하든. 내가 무언가를 선택할 때는 그만한 이유가 있어.

홍 네.

김 나로 하여금 그 색을 선택하게 한 느낌에 집중해봐. 그 느낌을 가지고 천천히 도화지 위에 표현을 시작하면서 내가 선택한 색을 충분히 도화지 전체로 즐기며 표현해봐.

홍 도화지 전체에요?

김 응, 마음을 풀어 놓고, 그 색을 가지고 노는 거야. 도화지를 수영장이라고 생각하고 색과 논다고 상상해봐. 나의 표현이 또 다른 표현을 이끌도록 계속해서 표현해봐.

홍 내가 선택한 색으로 논다는 것이 참 좋은데요. 마음이 편안하고 즐거워요.

김 이제 충분히 놀았다고 생각이 들면 잠시 멈추고 다른 색에 눈을 돌려봐. 지금 그 느낌을 더 잘 표현하기 위해 한 가지 색을 더 한다면 어떤 색이 좋을까?

홍 네, 할 수 있을 거 같아요.

김 좋아. 이제 두 번째로 선택한 색을 더 해봐. 색 위에 칠해도 되고 빈 곳에 부분적으로 칠해도 돼.

홍 네.

김 그리고 세 번째 색을 더 해 볼 수 있겠어?

홍 글쎄요.

김 억지로 할 필요는 없어. 그냥 자신에게 물어보면 몸이 대답해줄 거야. 세 번째 색이 필요하다고 느껴지면 그때 더하면 돼.

홍   새롭고 즐거웠어요. 색으로 표현한다는 것이 뭐랄까? 신비한 느낌이 들어
     요.

김   색은 사람의 정서를 드러내는데 좋은 요소야. 색조라는 말 자체가 말로 표
     현되지 않는 어떤 상태를 의미하잖아.

홍   지난번 빨강, 노랑, 파란색으로 표현할 때 하고는 또 뭔가 다른데요.

김   빨강, 노랑, 파랑처럼 선명한 색은 선명한 정서를 드러내기에 좋지. 하지
     만 우리가 살아갈 때 문제가 되는 정서는 그렇게 선명할 때가 별로 없지.
     싫거나 좋거나가 명확하면 크게 문제 되지 않아. 사실 우리를 힘들게 하는
     것은 좋은데 좋지만은 않을 때, 또는 분명히 싫은데, 한편 싫다고만 할 수
     없을 때, 항상 그럴 때가 중요하거나, 어떤 문제가 생기지.

홍   아, 그렇군요.

김   우리를 가장 힘들게 하는 존재는 언제나 가장 가깝고 나를 사랑하는 사람
     일 때가 많잖아. 나를 가장 사랑하는데 나를 가장 괴롭히는 존재들.

홍   맞아요, 선생님. 정말 그런 거 같아요.

김   그래, 조금만 지난 기억을 떠올리면 금방 알 수 있지.

홍   맞아요.

김   하지만, 우리는 선명하지 않은 것을 싫어하는 경향이 있어. 그래서 그런 복
     잡한 현실을 좋은 것 또는 나쁜 것 둘 중 하나로 결정하는 것을 좋아하지.

홍   음, 그런가요?

김   좋은 것이면 좋아하면 되고, 싫은 것이며 싫어하면 되잖아. 내가 무엇을 해
     야 할지 알게 되면 사실 큰 문제가 되지 않아. 그런데 좋다고 하면 내가 이

상한 사람 같고, 싫다고 하면 내가 나쁜 사람 같은 상황일 때 감정이 복잡해지지.

홍   그러게요.

김   그럴 때 쉽게 하는 방법이 둘 중 하나를 선택해 버리는 거야. 엄마는 나를 사랑하니까 좋은 사람이야. 아니면 나에게 못되게 굴었으니 나쁜 사람이야. 이렇게 단정 지을 때 문제가 돼. 마음속에서 인정받지 못한 미묘한 정서는 무의식중에 억압되거든.

홍   저도 그런 미묘한 감정들이 싫어요. 불편하고 해결도 안 되고.

김   하지만 알 수 없고 불편하다고 해서 내가 아니라고 할 수 있을까?

홍   글쎄요. 그래도 불편한 건 불편한 거잖아요. 가능한 그런 것들이 사라졌으면 좋겠어요.

김   무의식으로 억압되거나 돌봐지지 않은 정서는 내 마음 어딘가에 남아서 작용을 일으켜. 쉽게 말하면 우울증이라든가 분노 장애라든가.

홍   그렇게 말씀하시니까 심각하게 들리는데요.

김   겁주려고 하는 말은 아니지만, 이 문제는 살아가면서 겪게 되는 굉장히 중요한 문제야.

홍   그러면 어떻게 해야 해요? 그렇다고 매일 그런 것들과 혼란 속에서 싸우며 살 수는 없잖아요.

김   좋은 질문이야. 어떻게 해야 하는가!

홍   방법이 있기는 한 건가요?

김   음, 방법이 있지. 그런데 이건 방법이 아니라 그냥 진실일 뿐이야. 좋은 것도 나고, 나쁜 것도 나잖아. 좋은지, 나쁜지 모르는 것도 나 아닌가? 이것을 받아들여 주는 것은 '있는 그대로의 나를 수용해 주는 것'이지.

홍 왠지 많이 들어본 말인 거 같은데요.

김 응, 많이 들어 봤을 거야. 인간의 문제에 대해 많이 고민한 사람들이 대부분 비슷한 결론에 도달했기 때문에, 지혜로운 사람들이 비슷한 방법을 제안하거든.

홍 그런데요, 선생님. "있는 그대로 수용한다." 이 말은 많이 들어보긴 했는데 도통 뭐가 '있는 그대로 수용하는 것'인지 모르겠어요.

김 좋은 방법 중 하나가 이렇게 색으로 표현해 보는 거지.

홍 색으로요?

김 맞아. 지금 한 것처럼 색을 하나씩 하나씩 찾으면서 나의 미묘한 감정을 찾아보는 거야.

홍 아! 그럴 수 있겠네요. 지금 한 것도 나의 오늘이라는 선명하지 않은 정서를 있는 그대로 표현해 본 거네요.

김 맞아. 색은 인간의 미묘한 감정을 표현하는데 굉장히 유용하지.

홍 그럼, 화날 때나 너무 기쁠 때도 한번 표현해 보면 재미있을 거 같아요.

나의 오늘은 무슨 색인가요

당신의 오늘은 무슨 색인가요? 다소 황당한 질문일 수 있습니다. 하지만 잠시 눈을 감고 오늘의 경험들을 떠올려 보세요. 또는 지금 창밖의 하늘을 보아도 좋습니다. 아니면, 오늘 만난 사람을 떠올려 보아도 좋습니다.
이제 천천히 파스텔의 여러 색을 하나씩 마음에 담아 보세요. 나의 몸이 이끄는 색을 선택한 후 내 몸의 떨림을 드러나는 방법으로 색칠해 보세요.

오늘의 색이 충분히 표현되었나요? 그 느낌을 더 선명하게 해줄 수 있는 색이 있다면 무슨 색인가요?
두 번째, 세 번째 색을 추가해서 작품을 완성해 보세요.

아래에 나의 오늘을 글로 적어보세요.

04 | 눈물이 흐르는 색

마크 로스코, 무제, 1969년,
(출처 : 시카고 대학 https://www.artic.edu/collection)

김　현대미술가 중에 오로지 색만을 가지고 인간의 감정을 표현하려고 한 사람이 있어.

홍　그래요?

김　1960년대에 미국에서 활동한 마크 로스코(Mark Rothko, 1903~1970년)라는 사람이야.

홍　미국인이에요?

김　러시아에서 태어났는데 미국에서 자라고 미국에서 활동했어.

홍　정말 단순한 그림이네요.

김 마크 로스코는 자신의 그림을 설명하는 것을 싫어했어. 침묵 속에 그림과 소통할 수 있다고 믿었지.

홍 그림과 소통한다는 것이 무얼 말하는 거예요?

김 그는 자신의 그림 앞에서 사람들이 눈물을 흘렸으면 좋겠다고 말했어. 로스코는 만약 누군가 자신의 그림 앞에서 말로 할 수 없는 어떤 감정을 느낀다면 그것은 내가 그림을 그리면서 느꼈던 그 감정을 느끼는 것이라고 말했어. 그 순간 로스코와 그의 그림을 본 사람의 마음이 통한 거 아닐까?

홍 뭐랄까. 저는 이 그림들이 너무 쉽게 그린 거 같아서 조금 심술이 나는데요. '나도 그릴 수 있겠다'라는 생각이 들어요.

김 맞아. 미스 홍도 그릴 수 있어. 조금 전에 색으로 그린 홍의 그림이 바로 이런 그림이야. 감정의 떨림을 색으로 표현한 그림.

홍 사실 제 생각에는, 제가 그린 그림이 좀 더 나은 거 같은데요.

김 홍의 그림이 더 나은지는 모르겠지만 로스코 작품보다 부족하지 않다고 생각해.

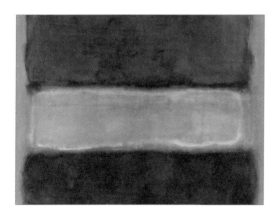

마크 로스코, 보라색, 하양색과 빨강 1953
(출처 : 시카고 대학 https://www.artic.edu/collection)

마크 로스코, 무제, 1967
(출처 : 시카고 대학 https://www.artic.
edu/collection)

※ 마크 로스코(Mark Rothko, 1905~1970, 미국)는 기독교와 신화, 철학으로부터 그림의 모티브를 얻었다. 그는 색을 통해 인간의 근원적인 감정인 비극, 기쁨, 운명을 표현했다. 그는 "관람객이 자신의 그림을 감상하는 거리는 45cm"라고 설명하면서 그 거리에서 그림의 경계가 사라지고 오로지 색의 울림 속에서 어떤 감정에 빠져들기를 바란다고 했다. 그는 자신의 그림을 설명하는 가장 좋은 방법은 침묵이며 관람객들이 그 침묵 속에 그림과 소통할 수 있다고 믿었다.

홍 　마크 로스코라는 사람, 저처럼 그림 그리는 실력이 형편없어서 이렇게 색만 칠한 거 아니에요?

김 　로스코가 미대를 나오지 않은 것은 사실이야. 사실 로스코는 예일대학에서 법학을 공부하다가 중퇴를 했어. 그 후에 예술에 관심을 갖게 되고 그림을 그리기 시작했지. 하지만 로스코도 초기에는 인물화를 많이 그렸어.

홍 　그런데 왜 색만 칠하기 시작한 거죠?

김 　설명하기 쉽지는 않은데, 더 근원적인 무엇을 전달하기 위해 형상을 포기한 것이라고 하면 이해할 수 있겠어?

홍 　'근원적인 무엇'이라면 무언가 어렵고 대단한 것이어서 이해하기 힘든 것인가 보죠?

김 　아니, 너무 쉽고, 항상 존재하는 것이어서 어떤 대상으로 한정 짓기에 적절하지 않은 것이라고 하는 것이 더 맞을 거야.

홍 　선생님, 저한테는 똑같이 어려운 말로 들려요. 혹시 저를 놀리시려는 것은 아니시죠?

김 　물론 아니야. 지난번에 홍도 색만을 가지고 '나의 오늘'을 표현해 봤잖아.

홍 　그랬죠.

김 　그 그림에는 홍이라는 고유한 존재의 무엇이 색으로, 선으로, 형태로 담겨 있어.

홍 　네, 아마도 그렇겠죠.

김 　만약, 홍이 꽃이나 나무, 사람을 그렸다고 해도 미스 홍만이 할 수 있는 어떤 공통적인 무엇이 담겼겠지.

홍   네, 잘은 모르겠지만 그럴 거 같아요.

김   만약 홍만의 존재 방식을 전달하고 싶다면 꽃이나 나무나 사람을 그리는 것이 오히려 방해가 될 수 있지 않을까? 홍이 선택한 색의 떨림은 그냥 그대로 볼 때 더 정확하게 전달되지 않을까?

홍   음, 맞아요. 그림을 그릴 때 어떤 떨림이 분명히 있었어요. 만약 나의 떨림을 다른 사람이 느껴준다면 저도 행복할 것 같아요.

김   맞아. 나를 있는 그대로 설명 없이 그대로 느껴주기가 쉽지는 않지만, 불가능하지 않아.

홍   그것을 느껴주는 사람이 있을까요?

김   만약에 홍의 그림에서 무언가 근사한 것을 찾아내려고 하는 사람은 아무것도 발견하지 못할 거야. 하지만 그냥 그림 자체를 있는 그대로 느껴보려고 하는 사람은 선명하지는 않더라도 홍과 관련 있는 어떤 울림을 느낄 수 있을 거야. 마크 로스코는 이러한 방법으로 감정을 전달할 수 있는 그림을 그릴 수 있다는 것을 분명하게 보여준 사람이야.

마크 로스코와 소통하기

잠시 시간을 내어 이 그림을 보면서 몸의 떨림을 느껴보세요.
로스코의 그림을 보면서 느낀 감정을 색으로 표현해 보세요.

마크 로스코, 무제, 캔버스위에 아크릴, 1970년, 워싱턴 국립미술관 소장.
(출처 : 시카고 대학 https://www.artic.edu/collection)

그림을 보면서 느낀 당신의 감정을 파스텔로 표현해 보세요. 빨간색을 사용해도 좋지만, 다른 색을 사용해도 됩니다.
두 개 이상의 색을 섞어 표현해 보시면 당신의 감정을 더 잘 탐색할 수 있습니다.

당신이 그린 이 그림은 로스코 그림에 대한 감상문입니다. 감상문은 글로 쓸 수도 있지만, 이렇게 색으로 표현할 수도 있
습니다. 평소 좋아하는 그림을 같은 방법으로 자신만의 감상문을 써보세요. 내가 좋아하는 그림은 나를 스스로 잘 이해하
도록 도와주는 도구가 됩니다.

Part 3.

대상을
그리다

내 앞에 있는 꽃이나 사람을
그리는 것이 아니라 내가 만난
꽃을 그리고, 내가 만난 사람을
그리는 거지. 그래서 추상화나
대상을 그리는 것이나 똑같이 내
마음으로 그리는 거야.

01 | 추상화 그리기와 대상 그리기

홍 선생님, 선을 긋거나, 색을 칠하는 것만으로 멋진 그림이 될 수 있다는 것은 조금 알겠어요. 그런데 꽃을 그리거나 사람을 그리고 풍경을 그리는 것은 지금까지 선생님과 그렸던 그림하고는 다른 거 같아요.

김 어떻게 다른 거 같은데?

홍 선을 긋거나, 색을 칠할 때는 내 마음대로 그린 거고, 꽃이나 사람을 그리는 것은 내 맘대로 그리는 것이 아니잖아요. 무언가 닮게 그려야 할 것 같아서 더 어려울 거 같아요.

김 더 어렵다고 생각될 수도 있지.

홍 더 어렵지 않을 수도 있다는 뜻이세요?

김 글쎄? 오히려 더 쉬울 수도 있고, 사실은 선이나 색으로 그림을 그리는 것이나 꽃이나 사람을 그리는 것은 별로 다르지 않아.

홍 그래요? 저는 전혀 다른 거 같은데요. 저는 이제 선이나 색만으로 그리는 것은 조금 할 수 있겠다는 자신감이 생겼지만, 여전히 꽃이나 사람을 그리라고 하신다면, 그건 자신이 없어요. 제가 무엇을 그리면 전혀 그것과 닮지 않아요. 학교 다닐 때를 떠올려 보면 그림을 그린다는 것이 너무 어려웠어요.

김   그림을 그리는 것이 어려웠다고 느낀 것은, 할 수 없는 방법으로 그렸기 때문이야. 할 수 있는 방법으로 그리면 지금도 바로 닮게 그릴 수 있어.

홍   선생님은 또 믿기 어려운 말씀을 하시네요.

김   경험하기 전까지는 믿기 어렵지만 경험하고 나면 너무 당연한 거지.

홍   그러면 선생님이 말씀하시는 '할 수 있는 방법'이 뭐예요?

김   홍이 지금까지 자기의 선을 긋고, 자신의 색을 칠해보면서 자신의 그림을 그렸잖아. 그것과 같은 거야.

홍   그건 내 마음으로 그린 거고, 꽃이나 사람을 그릴 때는 마음대로 그리면 안 되잖아요. 보이는 것과 좀 닮게 그려야 하지 않아요?

김   아니, 그것도 마음으로 그릴 수 있어. 사실 마음으로 그리는 것이 제일 중요해.

홍   선생님, 조금 억지 부리시는 거 아니에요? 앞에 대상을 보고 그리는데, 그걸 안 보고 마음대로 그리라고 하면 너무 이상한 말씀이잖아요.

김   나는 안 보고 마음대로 그리라고는 말하지 않았는데. 대상을 보고, 내 마음으로 그리라고 한 거야.

홍   선생님, 그럼, 앞에 대상을 보고 마음대로 그리는 것이 뭐죠?

김   내 앞에 있는 꽃이나 사람을 그리는 것이 아니라 내가 만난 꽃을 그리고,

내가 만난 사람을 그리는 거지. 그래서 추상화나 대상을 그리는 것이나 똑같이 내 마음으로 그리는 거야.

홍 그 꽃과 그 사람을 그리는 것이 아니라, 내가 만난 꽃과 사람을 그린다는 것이 다른 건가요?

김 사실 앞에 있는 대상을 그리는 것은 어떤 면에서 불가능한 거야. 물론 그리고 나서 '닮았다. 안 닮았다.'라는 식의 평가는 가능하겠지만 본질적으로 사람은 누구도 대상을 똑같이 그릴 수는 없거든.

홍 선생님, 너무 죄송한데요, 뭐랄까. 그럴듯한 말씀인 거 같고, 한편으로는 맞는 말씀이다 싶으면서도 다른 한편으로 그냥 말장난하시는 것 같이 들리기도 해요.

김 그렇게 들렸어? 그럼 한번 그려 보면 되지 않겠어? 진짜 홍이 마음으로 그리면 대상을 그릴 수 있는지 없는지.

홍 네, 좋아요. 무얼 준비하면 될까요?

김 우선 밖에 나가서 나뭇잎 몇 개를 주어와.

홍 음… 처음이니까 조금 단순하게 생긴 나뭇잎이 아무래도 좋겠죠?

김 단순하거나 복잡하거나 별 차이는 없어. 그냥 맘에 드는 나뭇잎으로 가져오는 것이 제일 좋아. 미스 홍 눈에 예뻐 보이는 나뭇잎이면 더 좋고.

홍 아… 그렇게 할게요. 내 눈에 예뻐 보이는 나뭇잎으로 가져올게요.

김 그리고 4B 연필도 챙기고, 지우개는 가져오지 마.

홍 지우개를 쓰면 안 돼요?

김 응, 처음에는 안 쓰는 것이 더 좋아.

홍 왠지 불안한데요. 지울 수 없다는 것이.

김 불안하다고 느낄 수 있어. 하지만 내가 만난 나뭇잎을 그린다는 의미를 알고 나면 왜 지우개가 필요 없는지 알 거야.

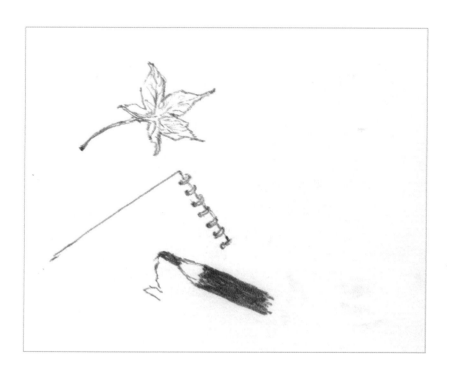

김　나뭇잎과 연필이 준비되었으면 이젠 시작해 보자. 나뭇잎은 도화지 밖에 놓도록 해.

홍　스케치북 위에 놓으면 더 편할 것 같은데요. 좀 더 가까워서 쉬울 거 같은데요.

김　아니, 더 잘 보려고 스케치북 위에 올려놓으면 자기도 모르게 자꾸 나뭇잎의 위치를 바꾸게 되거든.

홍　아, 그렇군요.

김　자, 시작하기 전에 먼저 몇 가지 기억해야 할 것이 있어.

홍　뭔데요?

김　내가 만난 나뭇잎을 그리는 것이라는 것을 잊지 않는 거야.

홍　나뭇잎을 그리는 거랑 내가 만난 나뭇잎을 그리는 거랑 다른가요?

김　좋아, 그러면 내 질문을 듣고 대답해봐.

홍　네.

김　내가 그리는 나뭇잎이 앞에 있는 나뭇잎과 똑같겠어? 아니면 어쩔 수 없이 왜곡될까?

홍　저는 똑같이 그리고 싶지만, 제가 실력이 없으니 똑같이 그리진 못하겠죠.

김　나는 홍이 앞에 있는 것과 똑같게 생긴 나뭇잎을 그리는 능력을 갖춰야 한다고 생각하지 않아. 그리고 누구도 똑같게 그릴 수 있는 사람이 있다고 믿지 않지만, 아무튼 분명히 어느 정도 왜곡된 나뭇잎을 그리게 되겠지?

홍　네, 그렇겠죠.

김 그런데 나는 그 왜곡되는 부분만큼이 홍의 존재가 드러나는 부분이라고 생각해.

홍 그렇게 생각할 수도 있겠네요.

김 더 진지하게 말하자면, 나는 사실 홍에게 관심이 있어. 그래서 홍이 어떻게 나뭇잎의 형태를 착각하고 왜곡해서 그리는가에 관심이 있어. 나에게 이 나뭇잎 자체는 별로 의미가 없고, 홍이 그린 나뭇잎이 더 의미가 있지.

홍 내가 착각하고 왜곡해서 그리는 것을 좋게 생각하신다는 말씀이군요. 그러면 나뭇잎을 저 나름대로 개성 있게 그리라는 뜻인가요?

김 아니야. 홍은 최선을 다해 나뭇잎과의 만남을 그렸으면 좋겠어.

홍 최선을 다해 닮게 그리라는 말씀인가요?

김 응, 일부러 개성 있게 그리지 않아도 자연히 그렇게 돼. 그게 미스 홍이 진실하게 만난 나뭇잎이고, 그때, 미스 홍 자신도 알지 못하는 자신의 모습이 나뭇잎 안에 담겨지지.

홍 선생님, 그럼 그냥 보고 그리라는 말씀이죠?

김 그냥 그리면 돼. 하지만 틀리지 않으려고 노력할 필요가 없다는 말이야. 그리면서 대상과 같은지 다른지 평가하는 것이 어리석은 짓이라는 의미야.

홍 그러면 전, 무얼 기준으로 그리면 되는 거죠?

김 나뭇잎과 만나면서 그 순간의 반응들을 그냥 즐기면 돼. 내가 제대로 그리고 있는지 아닌지 판단하면서, 더 똑같이 그리고 있는지 평가하거나 노력할 필요가 전혀 없어.

홍 노력할 필요가 없다는 말씀이 조금 허무하게 들려요. 그림 그릴 때 노력이

필요 없다는 말씀인가요?

김 아니야. 노력은 사람을 발전시키지.

홍 지금 방금 노력할 필요가 없다고 말씀하시지 않았나요?

김 노력의 기준이 무엇이냐가 중요해. 나의 노력의 대상을 밖의 나뭇잎으로 하느냐? 나 자신의 반응으로 하느냐가 중요하다는 말이야.

홍 대상을 보고 그리는데 그 기준을 나의 반응으로 하라는 말씀이 알 듯 말 듯 하네요.

김 홍이 그리려는 것은 나의 그림을 그리는 거지, 밖의 것과 똑같이 그리는 것이 아니야.

홍 나의 그림을 그리는 것이라고요?

김 밖의 있는 대상은 사실 나의 그림을 그리기 위한 매개일 뿐이잖아. 나의 그림이라는 것은 내가 담겨져 있는 것이고, 나를 알아간다는 것은 '내가 세상을 어떻게 보고 어떻게 반응하는가?'를 알아가는 거지.

홍 '세상을 어떻게 보고 어떻게 반응하는가?'가 나를 알아가는 것이라고요?

김 사람들은 자신을 알고 싶다고 말하면서 자신이 어떻게 세상을 왜곡하고 있는지 보고 싶어 하지 않거든.

홍 왜곡하는 것은 틀린 거잖아요. 누가 틀리게 보고 싶겠어요.

김 맞아, 세상을 있는 그대로 보고 있다고 착각하기 때문에 자신이 왜곡시켜 보는 것을 아는 순간 자신을 부정하지.

홍 맞아요. 저도 그런 거 같아요.

김 그림은 자신이 세상을 어떻게 왜곡시키고 있는지 찾을 수 있는 좋은 방법이야. 그리고 그 왜곡시키고 있는 나를 사랑하도록 해주는 방법이기도 하지.

홍 선생님!

김 왜?

홍 이제 그만, 그림 그리면 안 될까요? 말씀이 점점 어려워져서 머리가 조금 아플 것 같아요.

김 그래, 그게 좋겠다. 홍이 그린 선 자체를 즐겼으면 좋겠어. 그리고 그림과 나뭇잎 모양과 달라지면 나뭇잎보다 그것을 보고 그린 그림을 더 가치 있게 여겼으면 좋겠어.

홍 선생님, 잘 그리든 못 그리든 그냥 그려 볼게요.

김 맞아. 그렇게 그리면 돼.

087

02 | 나의 나뭇잎 그리기

김 나뭇잎을 그리는 것도 선을 긋는 것과 거의 같아.

홍 전에 했던 선 긋기 말씀하시는 거예요?

김 그렇지, 내가 시작점을 알고 연필에 마음을 담아서 선을 그으면 돼. 그때 나의 시선은 나뭇잎 외곽을 따라가면서 나의 시선이 움직이는 만큼, 흔들리는 방식 그대로 종이 위에 선을 남기는 거야.

홍 아, 그게 보면서, 마음으로 그리는 것이군요.

김 응, 마치 인간 지진계가 된 것처럼 나의 만남을 떨리는 선으로 흔적을 남기는 거야.

홍 눈으로 나뭇잎의 외곽을 보면서 외곽선을 그리는 거죠.

김 맞아, 우선 외곽을 그려봐.

홍 아무 데서나 시작해도 돼요?

1단계 - 나뭇잎의 외곽을 선으로 그린다.

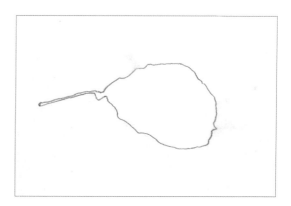

김 응, 나의 시선이 머무는 곳에서 시작해서 그곳으로 외곽선을 그리면서 돌아오는 거지.

김 잘했어.

홍 선생님, 지금까지 그려 본 방식하고는 아주 다른데요. 이런 방식으로 그려 본 적이 없었어요. 그리고 하는 동안 제가 무얼 하고 있는지 잘 모르겠더라고요. 약간 바보 같은 느낌이랄까.

김 홍은 지금 나뭇잎과의 만남을 그린 거야.

홍 네.

김 이제 가운데 잎맥을 두 줄로 그려봐. 외곽선을 그린 것과 같은 방법으로 시선이 가운데 잎맥을 따라 움직이고 나의 시선이 움직인 만큼 연필 선도 움직이는 방식으로. 알지!

홍 네, 알겠어요.

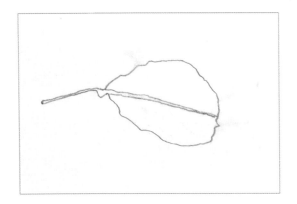

2단계 - 가운데 잎맥을 두 줄로 그린다.

홍   이렇게 하는 것이 맞아요?

김   잘 알아들었네. 이제부터는 잎맥을 좀 더 세부적으로 그릴 건데, 순서가 중요해.

홍   순서요?

김   나무가 뿌리에서 물을 끌어 올려서 나뭇잎 구석구석으로 보내잖아. 그 순서를 생각하면서 그리는 거야.

김   가운데 잎맥에서 나뭇잎 외곽으로 뻗어 있는 잎맥을 그리는데, 나뭇잎의 자루에서 잎사귀 끝쪽으로 하나씩 좌우로 번갈아 그리는 거지. 순서를 생각하면서.

홍   네, 자루에서 좌우로요.

홍   이런 순서로 그리면 되나요? 선생님

김   응, 좋아. 나뭇잎을 그릴 때 가운데 잎맥, 그리고 나뭇잎 자루부터 좌우로 그리는 순서를 생각하며 그리는 것은, 나뭇잎이 존재하는 방식을 존중하

3단계 - 나뭇잎의 잎맥을 자루에서
잎으로 좌우 순서대로 그린다.

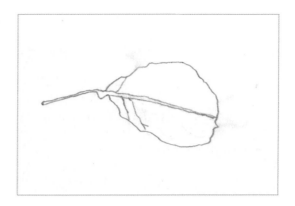

는 거야.

홍   순서를 지키는 것이 존중하는 거라고요?

김   나뭇잎을 그린다는 것은 나뭇잎을 만나는 것이고, 만난다는 것은 그 존재
를 존중하는 거지. 그래서 나뭇잎에 잎맥의 순서를 생각하면서 선을 긋다
보면 자연스럽게 나뭇잎과 친해지고 그 생명이 살아가는 방식을 드러내
게 되지.

홍   잘은 모르겠지만, 좀 자연스럽다는 느낌은 들어요.

김   그림을 그린다는 것은 그 대상을 존중하는 거야. 내가 만난 대상이 존재하
는 방식에 관심을 가지면 그 대상과 더 잘 만날 수 있어.

홍   혹시, 잘 만난다는 말씀이 자연스럽게 만난다는 것과 비슷한가요?

김   응, 그리고 내 몸으로 그 나뭇잎을 만난다는 의미이기도 하지.

홍   선생님, 이제 다 그린 거 같은데요.

김   응, 잘했어. 이제부터 홍만 볼 수 있는 나뭇잎의 세밀한 부분을 찾아봐.

홍 뭘 더 찾으라는 말씀이시죠? 다 그렸는데.

김 홍은 나뭇잎의 잎맥을 다 그렸다고 생각하는 거지.

홍 네, 보이는 데로 다 그렸는데요.

김 하지만 조금 더 관심을 가지고 자세히 들여다봐.

홍 뭘 더 봐야 하는 거죠?

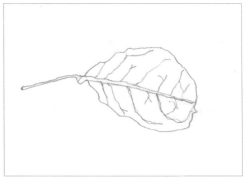

김 나뭇잎은 살아있는 생명체야. 자연물은 자세히 볼
    수록 계속해서 새로운 것이 찾아지지. 무한히 새롭
    게 찾을 수 있는 가능성을 가지고 있지. 인공물은 갖고 있지 못한
    자연물의 탁월한 존재 특성이야. 자, 좀 더 자세히 들여다보고 그
    려봐.

홍 선생님 말씀이 맞네요. 자세히 보니 그 안에 더 세밀한 조직들이 보
    이네요. 그런데 선생님, 뭐가 더 보이기는 하는 데 저걸 다 그려야
    하는 거예요? 저는 이 정도 그린 것만으로 너무 만족스러운데요.

김 다 그릴 수는 없어. 다만 미스 홍이 새롭게 발견할 수 있는 만큼만
    그릴 수 있어.

홍 네, 그러네요.

김 지금 홍은 '내가 만난 나뭇잎'을 그리는 연습을 하는 거 맞지?

홍 네, 제가 만난 나뭇잎을 그렸어요.

김 그렇다면 '내가 어디까지 대상과 만날 수 있나?'가 중요하겠지?
    지금 자신의 능력을 시험해 보는 거야. 조금 힘들겠지만 한 번 더
    나뭇잎을 새롭게 만나 봐.

5단계 - 자신의 눈으로 찾을 수 있는 만큼 세밀한 부분을 새롭게 발견한다.

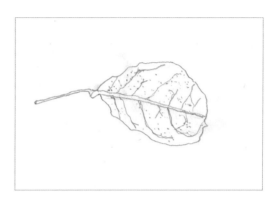

홍   여기까지만 할래요.

김   응, 좋아.

홍   그런데 선생님, 뭐랄까… 닮게 그리려고 하지는 않았는데 나뭇잎과 좀 닮아 보여요. 저는 닮게 그리는 능력이 없다고 생각했는데, 선생님이 시키는 대로 하니까 오히려 닮아 보여요.

김   홍은 자신이 만난 나뭇잎을 그린 거야. 대상을 똑같이 그리려고 하지 않고 자신이 만나서 알아차린 만큼 그린 것이니 당연히 자신이 할 수 있는 일을 한 거지.

홍   제게도 닮게 그릴 수 있는 능력이 있었네요.

김   맞아. 그릴 수 있는 방식으로 그리면 닮게 그릴 수 있어. 미스 홍이 그린 나뭇잎은 어느 정도 홍을 닮아있으면서도 동시에 나뭇잎과도 닮았지.

홍   이 나뭇잎 그림 안에 나와 나뭇잎이 함께 있다는 말씀이군요.

김   나는 여기서 나뭇잎보다 홍의 특성에 더 관심이 있어.
     홍이 나뭇잎보다 더 가치 있다고 한 말 기억하지?

홍   저는 그냥 보면서 순간의 흔적을 남겼는데 결과적으로 나뭇잎을 닮게 그
     려진 게 더 신기해요.

김   이해해. 대상을 닮게 그릴 수 있는 능력은 인간에게 묘한 성취감을 주거든.
     마치 신이 된 것 같은 느낌이랄까.

홍   아무튼, 저는 이 그림이 맘에 들어요.

※ 나뭇잎과의 만남을 그대로 흔적으로 남기면 대상과 얼마나 닮았는가와 관계없이 아름다움이 드러난다. 아름다움은 대상에게 존재하는 것이 아닌 것 같다. 아름다움은 그것을 만나는 사람이 자신의 만남에 대해 존중하고 사랑하는 행위로 드러나는 특성인 것 같다. 나뭇잎을 그리고 나서 색을 칠해보자. 그리고 그림에 대한 자신의 느낌을 짧은 글로 써보자. 인간은 펜으로 자신의 이름을 쓸 수만 있다면 대상을 닮게 표현할 수 있는 능력이 있다. 미국의 미술교육학자 베티 에즈워즈는 '오른쪽 뇌로 그림 그리기'라는 저서에서 그림 그리는 모드를 오른쪽 뇌로 바꾸기만 하면 전혀 그림에 소질이 없다고 생각했던 사람도 바로 그림을 그릴 수 있게 된다고 설명하였다. 마치 스캐너가 이미지를 스캔하듯이 인간의 표현능력은 대상의 형태를 종이 위에 옮겨 놓을 수 있다. 다만 사람마다 성능과 특성에서 저마다 다르다. 그 다름은 개인이 타고난 기질과 삶 속에서 체험한 자신에 대한 느낌과 관련이 있다. 자기표현에 있어서 고유한 저마다의 다름, 즉 자신의 기질과 삶에 대한 고유한 자신의 느낌을 특성으로 살릴 때, 독특한 형식미가 만들어진다. 특히 현대미술은 개인의 다름을 형식미로 완성해 나가는 것을 가장 중요한 예술적 가치로 인정한다.

나의 나뭇잎 그리기

마음에 드는 나뭇잎을 하나 주워오세요. 종이 밖에 나뭇잎을 놓고 선으로 나뭇잎을 그려 보세요. 첫째, 외곽을 그리세요. 눈이 멈추는 곳 어디에서 시작해도 좋습니다. 눈이 움직이는 데로 선이 움직이도록 해 보세요. 둘째, 가운데 잎 맥을 두 줄로 표현해 보세요. 셋째, 가운데 잎맥에서 좌우로 번갈아 가며 더 세밀한 잎맥을 그려 보세요. 넷째, 자신이 찾을 수 있는 만큼 더 자세히 표현해 보세요.

나뭇잎을 보고 떠오르는 짧은 시를 적어보세요. 단 두 단어만 써도 좋습니다.
다만 나뭇잎의 느낌이 단어에 담기도록 써보세요.

03 │ 나의 화분 그리기

김   홍, 나뭇잎을 보고 그리는 것과 가로선, 세로선을 긋는 것이 같다고 느껴져?

홍   정말 비슷한 거 같아요. 선을 긋는 것도 내 마음의 떨림이 그려지고, 나뭇잎을 그릴 때도 눈은 나뭇잎을 보고 있는데 내 마음의 떨림으로 그리는 거 같아요.

김   홍이 나뭇잎 그리는 것을 제대로 경험한 것 같네. 그러면 대상을 보고 그리는 것을 조금 더 연습해 보자. 내 몸의 떨림을 이용해서 보고 그리기를 하면 추상적으로 표현하는 것보다 자신의 존재 방식을 더 구체적으로 발견할 수 있어.

홍   그런가요?

김   '대상을 그린다는 것'은 나의 방식으로 대상을 읽어 주는 거야. 이때 읽는 사람이 나라는 사실을 잊지 않는 것이 중요해.

홍   '읽는 사람이 나'라는 것은 너무 당연한 말씀이잖아요. 왜 그런 말씀을 하시는지 잘 모르겠어요.

김   음… 그게 당연한 말인데 쉬운 일은 아니야. 만약 그림을 그리며 대상과 똑같게 그렸는지 계속 평가를 하면서 그린다면 그건 나보다 대상을 더 중요하게 생각하는 거지.

홍 아, 그 말씀이군요. 내가 그린 것을 존중하라는 의미군요.

김 그래, 나를 대상보다 더 존중하면 내가 대상을 읽을 수 있는 만큼 읽게 되고, 그것이 바로 나의 그림이 되는 거지.

홍 네, 이제 선생님 말씀이 그럴 수 있겠다는 느낌이 들어요.

김 지금 홍이 나와 함께 그리는 그림들은 미스 홍 자신을 위한 그림이야. 내가 주인공이 되어서 내가 경험한 세상을 그린다는 것에 가치를 두었으면 좋겠어. 이때 비로써 나만의 눈으로 나의 세상을 볼 수 있게 되거든. 지금은 그렇게 생각되지 않아도 어느 날 그림 그린다는 것이 나에 대한 존중과 이해라는 의미가 다가올 날이 있을 거야.

홍 아직은 분명하지 않지만, 조금 기다려 볼게요.

김 맞아, 억지로 그렇게 믿으려 하거나, 그냥 그렇다고 생각해 버리지 않고, 자신에게 선명하게 다가올 때까지 기다려 보는 거야. 그러다 보면 어느 날 어떤 체험이 그 의미를 확연하게 알게 해줄 거야. 이제 나뭇잎보다 더 복잡한 정물화를 그려 보자.

홍 정물화요?

김 응, 정물화는 움직이지 않는 물체를 그리는 거야. 주로 꽃이나, 문방사우, 화초 같은 것을 그리지. 우리는 화분을 그릴 거야. 우선 화분을 좀 준비해 봐.

홍 어떤 화분이요?

김 홍이 그리고 싶은 화분.

홍 제 눈에 예뻐 보이는 화분이면 어떤 거라도 좋다는 말씀이죠.

홍   이거 그려도 되나요?

김   물론이지. 스케치북과 연필 준비했어?

홍   네.

김   가장 마음에 드는 잎사귀 하나를 마음으로 선택해봐.

홍   네, 이미 선택했어요.

김   그리고 그 잎사귀 하나부터 시작하는데, 하나가 완성되면 그 옆에 있는 잎
      사귀로 이동하는 거야. 마치 하나의 점에서 점차로 세상을 창조해 내듯이.

홍   하나의 점에서 세상을 창조해 가 듯이요? 무슨 말씀이신지… 우선 잎사귀
      하나만 먼저 완성해 볼게요.

김 하나를 완성하고 옆에 있는 잎으로 자연스럽게 연결해 그리다 보면 나중에 그린 잎은 처음 그린 잎하고 다르게 그렸다는 것을 알게 될 거야.

홍 잎들이 다르게 그려지면 이상할 거 같은데요. 어떻게 해요?

김 지금 잎사귀 하나를 진실하게 만나고 나면, 알든 모르든 잎에 대한 나의 감수성이 발전해 있어. 자연스럽게 두 번째 잎은 이미 발전한 나를 만나게 되는 거지. 그리는 잎과 줄기의 표현은 나의 성장만큼 달라지는 거야. 오히려 한 그림 안에서 점차로 성장해 가는 표현이 자연스럽게 공존하는 것을 즐겼으면 좋겠어.

홍 아, 자연스럽게 저의 느낌이 달라지는 것을 즐기라는 말씀이네요.

홍 그런데 선생님, 여기 있는 잎을 다 그려야 하나요?

김 자연스럽게 그려지는 것만 그리면 돼. 누구도 있는 그대로 그릴 수 없다고 말했잖아. 내 그림에는 내가 만난 잎사귀와 줄기만 그리면 되는 거지.

홍 그래도 뭔가 무얼 그리면 좋을지 선택하는 기준이 있었으면 좋겠어요.

김 나는 미스 홍이 스스로 배울 수 있다고 말하고 있는 거야.

홍 네, 내가 할 수 있는 만큼, 내가 하고 싶은 만큼 그려 볼게요.

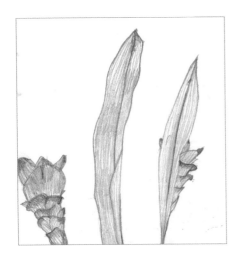

홍 배경은 너무 복잡해서 못 그리겠어요.

김 배경을 그리지 않으면 추상화야.

홍 왜요?

김 절대적 공간에 속에 있는 존재니까.

홍 그리라는 말씀인가요? 그리지 말라는 말씀인가요?

김 그리든 안 그리든 그 의미를 알라는 말이야.

홍 네, 그럼 저는 여기까지만 할래요. 지금 제 그림이 퍽 마음에 들거든요.

김 그럴 수 있지. 미스 홍 마음에 들 거야. 우리는 원하는 그것을 가지면 만족
   이 되지. 그것이 어떤 공간에 어떻게 있는지까지 사실 마음 쓸 겨를은 없어.

홍 선생님, 다음에는 뭘 하면 좋을까요?

김 색으로 정물화를 그려 보면 어떨까? 오일파스텔 가지고 있지?

홍 네, 선생님이 말씀하셔서 준비해 두었어요.

김 다음에는 오일파스텔로 화분을 그려 보자.

※ *보고 그리기를 지도하다 보면 그리는 사람은 대상에 밀착되게 된다. 그러다 보면 주변 배경을 그리는 것이 불필요하다고 느껴질 때가 자주 있다. 우리는 삶을 살아가면서도 비슷한 경험을 하게 된다. 이루고자 하는 목표가 있을 때 오로지 그것을 성취하는 것만 가치 있다고 느껴진다. 그것을 둘러싸고 있는 주변 것들은 자주 무시되고 존재조차 하지 않는 거로 여기게 된다. 도화지는 내가 인식하는 세상을 표상한다. 내가 화지 안에서 아름다운 꽃을 표현하고 그 밖에 공간을 그리고 싶지 않다면 세상도 같은 방식으로 살고 있다고 이해할 수 있다. 만약 지금이라도 공간을 표현해 보고 싶다면 주변의 것들을 하나씩 인식하고 그려나가면 된다. 만약 공기가 인식된다면 공기를 그리면 된다. 아래의 두 작품은 공기를 그린 작품들이다.

나의 화분 그리기

4B 연필을 준비해 보세요. 그리고 가까이에 있는 화분을 선택하세요. 화분이 없다면 가까운 거리에 있는 나뭇가지를 그려도 좋습니다. 먼저, 나뭇가지 중에서 내 눈에 들어오는 잎사귀 하나를 선택하세요. 그리고 그 잎 하나를 완성하세요. 완성하기 위해 외곽을 먼저 그리든, 다른 순서로 그리든 괜찮습니다. 앞에서 외곽선으로 나뭇잎 하나를 완성했다면 당신의 몸은 이미 그림 그리는 방식을 기억할 것입니다. 그냥 완성한다는 생각만을 가지고 연필을 움직이면 됩니다. 하나가 완성되면 가장 가까이 있는 잎이나 가지로 연결해 나아가세요. 마치 한 점에서 우주가 탄생하였다는 빅뱅이론처럼, 나의 눈길이 사물에 닿으면, 나의 손은 도화지 위에 한 점으로부터 새로운 사물을 탄생시키고 점차 내가 만든 새로운 세상을 탄생시키게 되는 경험을 하시기 바랍니다.

그림을 그리다가 무언가 잘못되고 있다는 느낌이 드는 순간이 있다면 이렇게 해 보세요. 처음 시작했던 점으로 돌아가 다시 그 위에 연필 선을 그어 보세요. 두 번째 그려질 때는 또 다른 방식으로 당신의 연필이 움직일 것입니다. 그대로 수용해 보세요. 막혔던 그곳에 오면 자연스럽게 문제가 무엇인지 알아 지고 다음 단계로 넘어가는 신비한 경험을 하게 될 것입니다. 인생에서도 우리는 자주 가야 할 방향을 잃게 됩니다. 그러면 다시 시작점으로 되돌아서 지나온 길을 더듬어 보세요. 나의 몸이 이전과 다르게 그것들과 관계 맺으며 스스로 오류를 수정하면서 다음 단계로 나아가고 있을 것입니다. '시작점으로 되돌아가기'는 언제나 가장 빨리 길을 찾는 방법입니다.

04 | 색으로 정물화 그리기

김 연필로 그려 봤으니 이번에는 색으로 정물화를 그려 보면 어떨까?

홍 색으로 그리는 게 더 어렵지 않나요?

김 전혀 더 어렵지 않아. 사람마다 조금 차이가 있기는 한데 경우에 따라 색으로 그리는 것을 더 재미있게 느끼는 사람도 많아.

홍 그래요?

김 응, 아마 색이 주는 즐거움 때문에 그렇게 느끼는 거 같아.

홍 그럼 재료는 오일 파스텔로 해요?

김 응, 오일 파스텔은 다루기도 쉽고 또 어느 정도 색이 섞이기까지 해서 색감을 연습하는 데 도움이 돼.

홍   오일 파스텔은 지난번에 색으로 추상표현 할 때 사용했던 파스텔하고 다른 건가요?

김   오일 파스텔은 어릴 때 많이 썼던 크레파스와 비슷해. 좀 더 질 좋은 크레파스라고 할 수 있지.

홍   아, 그러네요. 크레파스랑 비슷해요.

김 오늘 그릴 화분을 준비했어?

홍 네, 준비했어요.

김 가장 마음에 드는 꽃 하나를 먼저 선택해봐.

홍 네, 선택했어요.

김 선택한 꽃 하나부터 그리기 시작할 거야.

홍 네, 먼저 연필 같은 거로 대강 그리고 색을 칠하면 안 될까요?

김 아니, 그냥 바로 오일 파스텔로 색칠할 거야.

홍 조금, 부담돼요. 바로 색으로 칠한다는 것이… 틀리면 완전히 망쳐버릴 거 같아요.

김 홍은 저 꽃을 똑같이 그려야 한다고 생각하는구나?

홍 지난번 시간에 선생님이 똑같이 그리는 것이 아니라고 말씀하셔서 그렇게 생각하지는 않아요.

김 망친다는 것은 망치지 않은 게 있을 때 쓰는 말이잖아.

홍 똑같이 그리는 건 아니어도 어떻게 그려야 할지 모르겠으니까, 잘못 그리면 망칠 거 같아요.

김 나는 미스 홍이 망치게 될 꽃이 어떨지 더 궁금해. 그것이 바로 미스 홍이 만난 꽃이잖아.

홍 그러게요. 선생님이 내가 만난 꽃을 그리라고 하시는데, 왜 자꾸 틀리면 어떻게 하나 걱정이 될까요?

김 그럴 거야. 언젠가 '내가 만난 꽃'이 저 꽃을 똑같이 그리는 것보다 더 가치 있고 의미 있게 느껴지면 홍은 예술가가 된 거지.

홍 아… 예술가라는 것이 그런 의미였군요?

김 꽃의 색은 볼 때마다 달라지고, 보는 사람마다 달라져.

홍 색이 왜 달라져요?

김 우선 순간의 빛의 변화가 색을 변하게 하겠지.

홍 그러네요.

김 그리고 빛을 보는 사람의 인지적, 정서적, 감각적 특징이 다른 해석을 만들지. 물론 이전 경험에 따라서도 달라지고.

홍 그림을 그리면서 해석을 해야 하는 거예요?

김 말하자면 해석을 하는 건데, 일부러 해석하지 않았으면 좋겠어. 그냥 최선을 다해서 보이는 대로 그리다 보면 오히려 내가 어떤 인지적, 정서적, 감각적 특성이 있는지 알게 될 수 있지.

홍 내가 그린 그림을 보면 내가 어떤 특성이 있는지 알게 되는 게 정말 신기하고 재미있는데요.

김 응, 맞아. 홍 한테는 그림으로 자신을 알아가는 것이 더 의미 있다고 생각해.

홍 네, 최선을 다해 내가 만난 꽃을 그려 볼게요.

김 좋아. 오일 파스텔로 그릴 때 항상 두 개 이상의 색을 섞어서 색칠하는 것으로 하자.

홍 두 색 이상으로요? 꼭 그렇게 해야 해요?

김 색에 대한 감수성을 키우는 데 도움이 많이 돼. 자신의 특성을 파악하는 데도 도움이 되고. 두 가지 색의 섞임을 계속 느끼면서 색의 느낌을 더 섬세하게 발전시킬 수 있거든.

홍 네, 두 색으로 마음에 드는 꽃부터 칠해볼게요.

김 마음에 드는 꽃 하나를 완성하고, 나서 그 옆에 있는 꽃을 그리고 또 그 옆으로 그리고 나뭇가지로. 점점 세상을 색으로 채워보는 거야.

홍 네.

김 어느 정도 그리다가 어찌해야 할지 모르겠으면, 처음 시작했던 곳으로 돌아와서 다시 하나씩 눈과 손으로 만져주듯이 다시 그려주면 막힌 곳에서 연결해 나갈 수 있어. 어느 부분을 너무 잘 그리고 싶거나, 무언가 표현하고 싶다는 욕심이 지나치게 되면 다음 순간에 가야 할 길을 잃게 되거든. 그럴 때는 억지로 하지 말고 잠시 쉬었다가, 다시 시작했던 곳으로 돌아와서 처음부터 따라가 보는 거야.

홍 선생님?

김 왜?

홍 그럼 막혔다가 다시 처음부터 그릴 때는 그리는 순서가 처음과 똑같아야 해요?

김 시작 지점만 같으면 돼. 순서는 그때마다 흐름을 따라가는 것이 더 좋아.

홍 그런데 선생님, 다시 그리다 보니까 먼저 그린 그림이 잘못 그린 거 같아요. 어쩌죠? 지울 수도 없잖아요.

김 그냥 나중에 보이는 것을 이전 그림 위에 덮는 것 처럼 그리면 돼.

홍   그럼 이상해 보이지 않을까요?

김   오히려 그림이 더욱 풍부해질 거야. 한 그림 안에 여러 시각이 공존할 때
       훨씬 우리의 삶을 닮았다고 느껴지지. 신비로워 보이기도 하고.

홍   왜 신비로워 보여요?

김   한 그림에 여러 시간의 흐름이 겹겹이 쌓이는 거니까. 현실적이면서도 신
      비롭게 느껴지지.

홍   여러 시간이 한 장의 그림에 표현되는 건 비현실적인 표현 아닌가요? 왜
      현실적이라고 말씀하시는 거예요?

김   아니, 너무나 현실적인 표현이야. 오히려 단 한순간을 그린다는 것이 대단
      히 이상적인 발상이야.

홍   무슨 말씀인지 잘 이해가 되지 않아요. 대부분 그림과 사진들이 정지된 한
      순간을 표현하는 거 아니에요?

김   미스 홍 한번 잘 생각해 봐. 작가의 의도가 모두 담긴 한순간이 현실에 과
      연 존재할 수 있을까?

홍   글쎄요. 잘 모르겠는데요. 그래도 그런 순간을 잡아내서 표현하는 거 아닌
      가요?

김   사진가들은 자신의 의도가 담긴 그 순간을 포착하기 위해 수백 시간을 한 장
      소에서 보내지. 화가들이 그리는 한 장의 그림 역시 매우 오랜 시간 고민 속에
      서 치밀하게 계산되고 집약된 표현이야. 현실적인 한순간이라고 볼 수 없어.

홍   그렇게 말씀하시니 그 말씀이 조금 이해가 될 것도 같네요.

김   우리는 어떤 사람, 어떤 장소에 대한 경험이 단 한 번만으로 형성되는 경우는
      아주 드물어. 여러 시간 동안에 걸쳐 겹겹이 쌓여 그것에 대한 이미지가 형성
      되는 거야. 특히 의미 있고, 중요한 대상일수록. 오히려 한 사람에게 한순간의
      기억으로만 있는 경우는 별로 중요하지 않거나 심하게 왜곡된 경우지.

홍   그런가요?

김 배경까지 완성해 봐.

홍 네, 그런데 계속해서 그리다 보니까 언제가 완성된 건지 잘 모르겠어요.

김 완성하는 순간을 스스로 결정하는 것도 굉장히 중요해.

홍 내가 결정하는 거예요?

김 응, 당연히 자신이 결정하는 거지. 하지만 다른 사람의 눈을 빌려 보는 것도 좋아.

홍 내가 결정하는 거라고 하시면서 다른 사람의 눈을 빌리라는 말씀은 뭐죠?

김 결정은 내가 하는 거야. 하지만 내가 어느 정도 내 그림에 익숙해져 버리면 감각적으로 무뎌질 수 있어. 그럴 때 타인의 눈에 어떻게 보이는지 이야기를 들어보면 전혀 새로운 것을 발견하게 될 수 있거든. 하지만 결정은 자신이 하는 거야. 언제나.

홍 네, 선생님. 전 지금, 이 그림이 굉장히 마음에 드는데요. 전 색을 칠하는 것이 더 재미있는 거 같아요.

색으로 정물화 그리기

먼저 오일 파스텔과 마음에 드는 화분을 준비해 주세요. 시작점은 어디에서 해도 좋습니다. 한 곳에서 시작해서 나뭇잎 하나씩을 완성해 보세요. 이때 색은 항상 두 개 이상을 섞어서 마음에 드는 색을 만들어서 칠해보세요. 한 점에서 시작해 점점 화면을 색으로 채워보세요. 그림을 그리는 동안 순간 막막해져 길을 잃을 수도 있습니다. 그럴 때는 천천히 시작점으로 되돌아 가서 자신의 여정을 새롭게 시작해 보세요.

완성된 그림을 보고 자신이 경험한 과정을 한번 차분히 적어보세요. 하얀 도화지를 그림으로 채워 자신의 색으로 채워보는 경험은 매우 설레는 과정입니다. 이 세상에 없던 새로운 이미지가 나로 인해 탄생하는 기쁨을 만끽해 보세요. 당신이 자신의 그림을 하나의 창조물로 온전하게 받아들여 줄 수 있다면 그 그림은 언제나 당신에게 친구가 되어 줄 것입니다.

자신이 쓴 글 속에서 그림과 가장 어울리는 단어를 찾아 동그라미를 쳐 보세요. 의미 있는 단어는 나를 이해하는데 등대 역할을 해줍니다.

05 | 그림 속 시점에 관한 이야기

세잔, 병과 사과바구니가 있는 정물, 1890~1894년, 캔버스에 유채, 시카고 아트 인스티튜트
출처 : 시카고 대학 https://www.artic.edu/collection

피카소, 우는 여인 1937
출처 : 시카고 대학 https://www.artic.edu/collection

김   현대미술가 중에 인간의 시점에 대한 경험을 시각화한 화가가 피카소야. 한 인물을 묘사하기 위해 여러 시점을 한 화면에 담은 화가지. 이런 생각으로 피카소의 입체파 그림을 보면 그의 그림이 얼마나 시각에 대한 깊이 있는 통찰에 근거한 것인지 느낄 수 있을 거야.

김   사실 서양화가 중에 처음으로 서양 회화의 전형이라고 할 수 있는 원근법과 1 소실점을 깨는 시도를 한 화가는 세잔이었어. 세잔은 사물을 자신의 눈으로 보고, 진짜 보이는 데로 그리려고 노력했지. 그 과정에서 보이는 대로 그리면 그릴수록, 공간이 일그러지고 뒤틀린다는 것을 깨달았지.

하지만 자신의 눈에 보이는 사물을 표현하고 싶었던 세잔은 자신이 보는 것을 그럴듯하게 그리기보다, 경험한 대로 그리는 쪽을 선택했지. 그래서 너무나 진지하지만, 왠지 어색하면서도 거부할 수 없는 매력을 가진 '세잔의 사과'가 탄생한 거야.

그의 그림은 당시 새로운 길을 찾던 많은 젊은 화가들에게 깊은 통찰을 주었어. 사실 우리는 한 눈이 아니라, 두 눈으로 사물을 보잖아. 두 눈으로 사물을 보면 절대로 1 소실점, 원근법으로 보이지 않거든.

김   사람을 다초점(Multi Perspective) 으로 표현한 오래된 전통은 고대 이집트 벽화야.

김   고대 이집트의 화가는 영원불변한 진리를 그림으로 표현해야 했거든. 그

이집트 벽화, 늪지로 사냥을 나간 네바문, 기원전 1400년경, 81x81cm, 영국박물관

래서 사물을 깊이 진지하게 오랫동안 관찰하고 그 대상의 절대적인 존재의 특징을 표현양식으로 구축했어. 그래서 코는 옆으로, 눈은 정면으로, 어깨도 정면으로, 발은 옆으로 그리는 것이 가장 올바르다고 믿었어. 즉 인간의 몸의 특징이 가장 선명하게 드러나는 방식인 거지.

홍   이 그림들은 조금 어색해 보이기도 하지만 나름대로 의미가 있네요.

김   그림은 인간의 경험을 담는 거야. 인간의 경험은 저마다 다르지. 하지만 그 경험에 충실하다면 어떤 방법으로 표현했든지 모두 인간에게 호소력이 있어. 즉 잘 보면 이해가 가는 그림, 그들의 경험을 공유할 수 있는 그림이 훌륭한 그림이지.

홍   그림이 모두 같은 그림이 아니군요.

김   인간은 자신을 포함해 주변의 것들을 이해하고, 자신이 이해한 것을 전달하기 위해 여러 방법으로 그리기를 시도하는 습관이 있어.

홍   그렇다면 이상하게 일그러진 얼굴이 경험에 의한 현실적인 표현일 수 있겠네요.

김   맞아. 오히려, 한 시점, 한순간을 한 장면으로 표현한 1 소실점의 원근법은 서양에서 발견해서 사용하던 한 가지 표현양식일 뿐이야. 대단히 사실적으로 보이지만 그 표현은 오히려 인간의 착시현상을 이용한 일종의 눈속임 같은 것이지.

김   서양인들은 한때 원근법과 1 소실점이 사실적 표현을 위한 완벽한 기법이라고 자부했어. 하지만 이집트인들이 자신의 표현이 가장 올바른 방법으로 믿었던 것과 비슷한 한 가지 믿음일 뿐이지. 현대미술의 다양성은 이러한 양식화된 기법이 인간 체험의 전체라고 볼 수는 없다는 것을 스스로 발견했기 때문이라고 할 수 있어. 현대미술은 절대적이라고 믿었던 서양 회화의 전통을 거부하면서 시작됐다고 해도 과언이 아니야.

라파엘로, 아테네 학당

홍   선생님, 그러니까 저에게 볼 때마다 다르게 보이는 것을 그대로 이전 그림 위에 그려야 한다고 말씀하신 거군요.

김   꼭 그렇게 해야 한다는 의미는 아니야. 대상의 정확한 형태가 있다는 선입 견은 버리라는 거야. 그보다 자신이 보는 방식을 그대로 받아들이라는 의 미였어. 나의 변화하는 시각의 차이를 자연스럽게 받아들이는 과정으로 그림을 그리다 보면, 진짜 내가 보는 방법을 찾을 수 있다는 거지. 홍이 사 물을 보고 느끼는 방식을 발견하는 거, 그게 더 중요하다는 것을 알아야 한 다는 거야.

홍   아, 내가 보는 방식을 찾는 거군요.

김   자신의 시점을 찾는데, 무엇보다 도움이 되는 그림은 자화상이야.

홍   자화상이라면 내 얼굴 그리기예요?

김   응, 다음에는 작은 손거울을 가지고 자화상을 그려 보자.

현대미술에서의 발견하는 일그러진 인물화

인터넷에서 피카소의 인물화와 프란시스 베이컨의 작품을 찾아보세요. 다양한 그림 중 하나를 선택해서 아래에 붙여 보세요. 자신이 선택한 그림을 오랫동안 감상하고 떠오르는 느낌과 생각을 단어로 적어보세요.

피카소의 인물화

프란시스의 인물화

자화상은 나를 대면하는
그림이야. 그래서 화가들에게도
언제나 도전이 되지. 자화상을
그리다 보면 내가 어떤 부분을
좋아하는지, 또 어떤 부분을
미워하는지 알 수 있어.

01 | 연필로 나의 얼굴 그리기

김   자화상을 그릴 건데, 연필과 작은 손거울 준비했어?

홍   선생님, 작은 손거울보다는 좀 더 큰 거울이 낫지 않아요? 얼굴이 다 보여야지 그리죠.

김   아니, 얼굴이 다 보이지 않는 작은 손거울이 필요해. 한 손에 쏙 들어갈 정도의 크기.

홍   왜죠?

김   왜냐하면, 미스 홍, 지금까지 나뭇잎도 그리고 화분도 그렸잖아. 그것들하고 자화상을 그리는 것은 조금 차이가 있어.

홍   나뭇잎보다야 얼굴이 더 그리기 어렵겠죠.

김   그리는 것은 마찬가지야. 하지만 얼굴은 마음속에 훨씬 더 많은 기준이 있어서 조금만 비례가 달라지거나 균형이 틀어지면 금방 틀렸다는 생각에 사로잡히기가 쉬워.

홍   아무래도 그렇겠죠.

김   내가 알려주는 그리기 방법으로 하면 내가 만난 나의 얼굴을 그리는 거잖아. 그것은 평가할 수 없어. 그리고 의도하지 않는 왜곡과 변형을 통해 오히려 나를 만나 가는 거지.

홍   알고 있어요.

김   내가 만난 나의 얼굴이라는 의미는 내 얼굴의 왜곡된 표현을 의미 있게 보겠다는 거야.

홍   내 얼굴을 왜곡되게 그려지는 것을 받아들이란 말씀이죠?

김   나도 모르게, 나뭇잎을 그릴 때 보다 내 얼굴을 그릴 때는 더 많은 욕심과 갈등을 느끼게 되거든. 그래서 그 갈등을 되도록 줄이기 위해 작은 손거울로 보는 거야. 전체가 안 보이면 잘 그리고 싶은 마음도 줄어들거든.

홍   부분만 보이면 부분만 평가할 테니까요.

김   맞아. 그런데 이런 설명을 듣고도 만약 미스 홍이 그리면서 계속 큰 거울을 보고 싶다는 욕망이 든다면, 그것은 미스 홍의 무의식적인 욕망이겠지.

홍   맞아요. 저도 어쩔 수 없이 그런 생각이 계속들 것 같아요.

김   만약 그 욕망 때문에 그림을 그리는 도중에도 계속 마음이 불편하면, 잠시 자신에게 작은 손거울의 의미를 다시 생각하도록 시간을 줘봐.

홍   그럴게요. 저는 벌써 답답할 거 같은데…

김   그냥, 보이는 데로, 그 순간순간의 떨림에 의지해서 그려봐.

홍   어디서부터 시작하죠?

김 가장 마음에 드는 곳부터, 눈을 좋아하면 눈부터, 입을 좋아하면 입부터.

홍 네.

김 눈에서 시작하게 되면 우선 한쪽 눈을 완성해. 그리고 그 옆에 있는 코로, 그리고 다른 쪽 눈으로 연결해가며 흐름 따라 계속 그려나가면 돼.

홍 네.

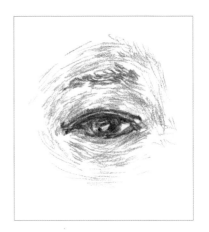

홍 내 눈을 뚫어지게 보는 게 조금 무섭네요.

김 이제 천천히 손거울로 눈 옆으로 가봐.

홍 네.

김 그리다가 보면 대체로 눈과 머리를 더 진하게 칠할 필요가 있어.

홍 지금도 진한데요.

김 지금 그린 것보다 한 세 배정도. 진한 곳을 진하게 그릴수록 다른 부분을 더 표현할 수 있게 돼.

홍 무슨 말씀이죠?

김 연필로 그린다는 것은 결국 진하고 어두운 정도인 명암으로 얼굴을 표현하는 거야.

홍 그렇죠.

김 가장 어두운 것이 밝은 회색이라면 다른 부분은 모두 더 엷은 회색으로 남겨 놓아야 하겠지. 가장 어두운 곳이 진할수록 여러 가지 회색이 나올 수 있게 돼.

홍   아, 그렇겠군요.

김   무의식적으로 얼굴에서 상대적인 명암을 표현하게 되거든. 그런데 가장 어두운 곳이 밝아지면 다른 부분에서는 그릴 게 없게 느껴지지. 눈썹이나, 머리카락을 그릴 때도 한 올 한 올 보이는 머리카락을 그리도록 해봐.

홍   네, 그러고 있어요.

김   자연스러운 것들은 무의식적으로 다른 것들까지 연상시키는 힘이 있어. 머리카락 몇 개를 있는 그대로 그리면, 내가 그리지 않은 것까지 연상시키게 되지. 무슨 말이냐 하면 보이는 데로 몸의 떨림에 의지해서 그리면 내가 모르는 것까지 나도 모르게 느껴지게 해. 그리고 그것의 존재 방식을 자연스럽게 몸으로 익히게 되지. 나중에 그 원리를 언어로 들었을 때 바로 이해되면서 자기 것이 되는 거야.

홍   네.

김   우리는 보고 그린다고 하면서 자주 보지 않고 생각대로 그리곤 해. 특히 너무 잘 그리려고 할 때 자기표현을 평가하기 시작하면서 생각으로 그리려고 하게 되거든. 그럴 때 해줄 수 있는 말은 "그냥 너의 몸이 하는 대로 맡겨봐. Let it be."야. 그냥 맡겨 보는 것이 의식적으로 노력하는 것보다 더 좋을 때가 있어.

홍   Let it be.

김   생각으로 그리는 것과 흐름에 맡겨 그리는 것을 왔다 갔다 하면서 그리게 되면 자연스러움이 사라지고 어색하고 답답한 그림이 되어버려. 이때 기분도 나빠지고 머리가 아픈 현상도 나타나지. 머리가 아프면 조금 쉬었다가 몸을 이완시키고 다시 그리는 것이 더 나아.

홍   왜 그래요? 왜 머리가 아파요.

김   생각이라는 것은 대상을 한정 짓고 확정해서 머리로 다루기 쉽게 변형하
       는 인간의 능력이야. 그래서 인간은 생각하길 좋아하지. 내면에서 생각은
       굉장히 목소리가 크고 고집이 세. 마음속에서 생각과 실제로 보는 것이 서
       로 싸우기 시작하면 우리는 생각을 더 중요하게 선택하기 쉬워. 그런데 그
       림을 그리는 것은 생각으로 그릴 수가 없거든. 그래서 생각의 목소리가 커
       지면 내면에서는 갈등이 생기는 거야. 그 갈등의 결과가 나쁜 기분과 두통
       으로 오는 것이고.

홍   저도 그럴 때가 있었던 거 같아요. 그럼, 생각하면 안 되겠네요.

김   그렇지 않아. 인간에게 생각은 굉장히 중요해.

홍   그래요?

김   인간의 체험은 개별적이고 유일해. 그런 차원에서 보자면 사실 완벽한 의
       사소통이란 건 가능하지 않다고 봐야 해. 나의 체험을 타인에게 전달하는
       것이 가능할 수 없지. 하지만 여러 번의 체험들을 잘 기억하고 공통점을
       찾으면 그 체험의 고유한 특성이 남겨지고 그것에 이름을 붙이면 다른 사
       람에게 전달할 수 있게 되지. 생각은 인간의 문명을 발전시키고 체험을 공
       유시키는 고도의 지적 기능이야.

홍   선생님!

김   응?

홍   저 다 그린 거 같아요.

김   음…

홍   왜요? 마음에 안 드세요?

김 잘했어. 조금만 더 들어가 봤으면 좋겠는데.

홍 어떻게 좀 더 들어가요?

김 처음 시작했던 곳부터 다시 한번 그림을 만져주듯이 그리면서 조금 더 새로운 것을 찾아봐. 공간과 공간 사이 새로운 것들을.

홍 새로운 것을 찾으라고요?

홍 선생님!

김 왜?

홍 그리다 보니 입 있는 데가 처음 그릴 때와는 조금 다르게 보여요. 아까 좀 잘못 그린 거 같아요.

김 그 위에 새로 보이는 대로 그려봐.

홍 네, 그렇게 했는데, 저도 모르게 더 진하게 그려지면서 앞에 그렸던 부분이 묻혀버렸어요. 그런데 나쁘지 않은데요.

처음 그린 그림

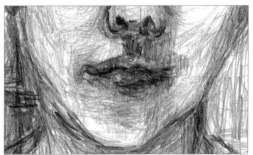

다시 그린 그림

김   자기 그림이 마음에 든다는 말이지?

홍   네, 조금 무섭기는 한데 대체로 마음에 들어요.

김   자화상을 그린 느낌이 어때?

홍   사실 저는 제 얼굴을 잘 알고 있다고 생각했는데, 지금까지 이렇게 자세히
      본 적이 없었던 거 같아요.

홍   뭐랄까, 저랑 더 친해진 거 같아요.

김   맞아. 자화상은 나를 대면하는 그림이야. 그래서 화가들에게도 언제나 도전이 되지. 자화상을 그리다 보면 내가 어떤 부분을 좋아하는지, 또 어떤 부분을 미워하는지 알 수 있어.

홍   맞아요. 선생님. 저는 저의 턱과 입 부분이 좀 평소에도 맘에 안 들었는데 그쪽을 자꾸 고치게 되더라고요.

김   맞아. 우리는 우리 자신이라고 다 좋게 볼 수 없어. 자기 얼굴도 이곳은 더 예쁘고, 저곳은 밉고 하게 되지. 그런데 자신이 예쁘지 않게 보는 곳과 나의 삶이 연결되어 있다고 한번 생각해 봐.

홍   내가 못 그린 부분과 제 인생이 연결되어 있어요? 진짜예요? 선생님?

김 응, 사실이야. 그래서 그림은 내가 예쁘게 보지 못하는 나의 삶에 관심을 두게 되는 기회를 주지. 예를 들어 내가 나의 눈을 예쁘게 보지 못한다면 나의 삶에서 눈에 해당하는 부분이 불편하고 싫은 거야.

홍 꼭 제 얼굴을 예쁘게 봐야 하는 건가요?

김 예쁘게 보는 것이 중요한 건 아니야. 하지만 내가 외면하고 미워하는 것을 찾아보는 것은 언제나 나에게 이로운 일이야. 나를 돌보는 방법이지.

홍 나를 돌보는 방식?

김 예를 들어 나를 돌보기 위해 무조건 편하게 쉬고 좋은 음식만 먹는 것이 다는 아니잖아.

홍 그렇죠.

김 그럴 때 자화상은 구체적으로 나를 돌볼 수 있는 곳을 찾는 지도가 될 수 있지. 그리고 더 나아가 나의 그림이 모두 그렇다는 것을 알게 되지.

홍 나를 돌보는 지도라는 말씀이 알 듯 말 듯 해요.

김 자화상을 이번에는 색으로 그려 보자.

홍 네, 좋아요.

나의 얼굴 그리기

작은 손거울을 보고 가장 마음에 드는 곳부터 나의 얼굴을 세밀하게 그려 보세요. 그 부분이 완성되면 그 옆으로 계속 연결해서 얼굴을 완성해 보세요. 이때 자연스럽게 좌우 대칭이 틀어지고 크기가 달라져도 괜찮습니다. 그려지는 대로 매 순간 나의 손의 반응만을 따라 얼굴 전체를 완성해 보세요.

완성된 후에 다시 시작했던 지점부터 천천히 다시 그려 보세요. 다시 그릴 때 다르게 보이는 부분이 있다면 지우개로 지우지 말고 그 위에 새롭게 그리면 됩니다. 우리는 매 순간 새롭게 만나는 것이 이전 것을 따라 하는 것보다 더 중요합니다. 같은 것을 새롭게 만날 때 더 풍요로워집니다.

가장 마음에 드는 부분은 어디입니까?

가장 나를 불편하게 하는 부분은 어디입니까?

일반적으로, 내가 그린 '눈'이 불편하게 느껴지면, 세상에 대한 두려운 마음과 관련이 있는 것입니다. '코'는 나의 자존감, '입'은 이성에 대한 관심 또는 대상에 대한 공격성, '귀'는 다른 사람의 의견을 듣는 태도와 관련 지어 의미를 생각해 볼 수 있습니다.

나의 얼굴을 그리면서 새롭게 나에 대해서 알게 된 점을 적어 보세요.

02 | 오일 파스텔로 자화상 그리기

김 색으로 자화상을 그리면 자신의 개성에 대해서 더 잘 알 수 있어.

홍 더 어렵지 않아요? 연필로 얼굴 그리는 것은 조금 할 수 있을 거 같지만, 색으로 그리는 것은 왠지 더 많은 것을 생각해야 할 거 같아요.

김 지난번에 연필로 하다가 색으로 꽃을 표현했을 때는 어땠어?

홍 재미있었어요. 더 활기 있었던 것 같아요.

김 마찬가지야. 만약 채색 기법을 배워서 그리려고 한다면 분명히 색을 사용하는 것이 더 어려울 거야. 하지만 스스로 나의 기법을 찾아가는 방식으로 그리면, 연필로 그리는 것보다 더 신나고 흥미로워.

홍 그래요? 항상 선생님 말씀대로 해보면 어렵지 않았던 거 같아요. 이번에도 그냥 해볼게요.

김 오일 파스텔로 그려 보자.

홍　네, 오일 파스텔 준비했어요.

김　그럼 손거울을 보고 얼굴에서 가장 마음에 드는 곳부터 완성하면서 그려 나가는 거야.

홍　네, 이번에는 입술부터 시작해 보고 싶어요.

김　응, 좋아.

홍　선생님, 이번에도 꽃 그릴 때처럼 두 가지 이상 색을 섞어서 해요?

김　응, 색을 섞을 때 얼굴색을 만들어 보려고 노력해도 좋고, 만약 전혀 다른 색을 쓰고 싶어지면 그대로 자신의 마음을 따라가 봐.

김 특히 자화상을 색으로 그려 보면 사람마다 굉장히 차이가 있어. 실제 색으로 그려야 한다고 느끼는 사람과 보이는 것과 상관없는 색을 선택할 수 있는 경우도 있어.

홍 보고 그리는데 최대한 똑같은 색으로 표현해야 하는 거 아니에요?

김 진짜 똑같은 색이 있을까?

홍 선생님이 그렇게 정색을 하고 물으시면 왠지 대답은 '아니요'라고 해야 할 거 같아요.

김 그렇지 않다면 어떻게 말하고 싶은데?

홍 진짜 똑같은 색은 없겠지만 그래도 너무 다른 색으로 그림을 그리는 것은 일부러 별나 보이고 싶어서 그렇게 그리는 게 아닐까요?

김 조금 달라. 일부러 다른 색을 사용한다기보다는 내면의 끌림이 우리에게 어떤 색을 선택하도록 추동한다고 할 수 있지. 화가들은 그 추동에 자신을 맡겨 보면서 새로운 자신만의 기법을 발견하게 되지. 말도 안 되는 색과 변형의 욕구를 그대로 드러내 보이는 거야. 무엇이 나올지 모르는 상태에서. 일부러 별나 보이고 싶어서 이상한 색을 사용하는 것하고는 다르지.

홍 그래도 저는 너무 별나게 그린 그림을 보면 조금 화가 나요. 솔직히 좀 튀어 보이려고 하는 장난같이 보여요. 전 가능한 보이는 대로 그리고 싶어요.

김 응, 좋아.

홍 선생님, 그런데요. 오일 파스텔이 두꺼워서 잘 안 그려지는데요.

김 재료는 재료마다 서로 다른 특성이 있어. 그것과 친해지는 마음으로 그려 봐.

홍　특성과 친해진다는 것은 무슨 의미로 하신 말씀인가요?

김　예를 들어서 어떤 화가가 수채화를 재료로 표현하기 좋아한다면 그 화가는 감수성이 풍부하고 섬세함이 중요한 화가일 거야. 만약 볼펜으로 표현하는 것을 좋아하는 사람이라면 많은 스토리를 가지고 있는 화가일 가능성이 커. 버려진 쓰레기를 주워서 작품을 표현하는 작가가 있다면 현대인의 삶의 방식에 의문을 가지고 있는 작가일 수 있지. 자신이 표현하고 싶은 것을 표현하게 해주는 재료를 찾는 것은 현대미술가에게 자신의 미적 언어를 창조하는 시작이 되지.

홍　네, 그런데 선생님, 저는 오일 파스텔은 잘 맞지 않는 거 같아요.

김　홍은 아직 자신을 찾아가는 중이잖아. 그래서 어떤 재료와 만났을 때 그 재료와 친해질 수 있는지 조금 시간을 갖고 찾아봤으면 좋겠어. 지금 잘 맞지 않는다고 느껴진다면 그 불편함을 극복하기보다 그것에서 시작했으면 좋겠어.

홍　그것에서 시작하라고요? 어떻게 해야 하죠?

김　어색한 재료와 만나는 과정에서 나에 대한 새로운 점을 발견할 수 있게 돼. 예를 들어서 홍이 잘 맞지 않는다고 재료를 바꾸고 싶은 생각을 떨쳐 버릴 수 없다면 두 가지 의미를 발견할 수 있겠지. 하나는 자신이 잘할 수 있는 것을 가지고 타인에게 잘하는 모습을 보여줘야 한다는 생각에 사로 잡혀있거나, 오일 파스텔의 어떤 부분이 홍의 내면을 건드려서 피할 수 없는 부정적 정서에 압도되거나.

홍　글쎄요!

김　싫은 것을 억지로 참고하는 것은 의미가 없어. 하지만 불편한 것을 가지고 자기를 발견해 가는 것은 의미가 있지.

홍   불평하지 말라는 말씀이신 거 같아요.

김   그것 이상이야. 다른 한편으로 잘 맞지 않는 것과 맞춰나가면서 나만의 형식미를 개발할 수 있어.

홍   음… 저만의 기법이라! 불편한 것을 불편한 것으로 끝나지 말라는 말씀으로 들을게요.

김   그 정도면 충분해. 항상 싫은 것은 그대로 나에 대해 더 많은 것들을 알게 해준다는 것을 잊지 마.

홍   네.

 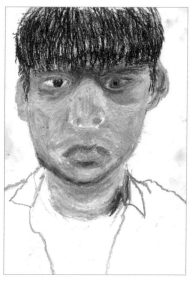

김 그리면서 어땠어?

홍 그리면서 기분이 좀 더 나아졌어요. 뭐랄까 오일 파스텔하고 조금 친해진 느낌이랄까?

김 홍의 그림은 밀도감이 있어. 대상을 표현하고 싶다는 열정 같은 것이 엿보여.

홍 처음에는 별로였는데 지금은 무척 마음에 들어요.

홍 선생님, 그런데요, 항상 그림을 그리면서 느끼는 건데 처음에 시작할 때는 무엇을 어찌해야 할지 막막해요.

김 그럴 거야.

홍 그런데 어떻게든 시작이 되면 어느 순간부터는 무언가를 제가 하고 있어요.

김 사람은 그림을 그릴 수 있는 능력을 갖추고 있어서 그냥 그 능력을 실행시키는 거야.

홍 그런데 그게 또 어떻게 그렸는지 생각해 보면 잘 기억이 나지 않아요.

김 점차로 그림을 그리는 방식이 익숙해지면 그림을 그리는 방법을 알게 될 수도 있어.

홍 그래요? 빨리 그렇게 됐으면 좋겠어요.

김 그게 꼭 좋은 건만은 아니야. 막연한 불안감, 시작하지 못하는 막막함이 더 좋은 것일 수 있어.

홍 전 좀 더 연습해서 이런 불안한 감정 없이 쉽게 그림을 멋지게 그릴 수 있었으면 좋겠어요.

김 불안감을 설렘으로 바꿔보는 쪽은 어때?

홍 불안감을 설렘으로요? 비슷하기는 한데 뭔가 다른 거 같네요.

김 불안감과 설렘의 차이는 회피하느냐 마주하느냐의 차이야.

홍 저는 능숙하게 그림을 잘 그렸으면 좋겠어요.

김 나는 미스 홍이 능숙하게 그림을 잘 그리는 것을 원하지 않아.

홍 왜요?

김 오히려 매 순간 그림을 그릴 때마다 설렘과 긴장감으로 그릴 수 있었으면 좋겠어.

홍 그렇게 생각하세요?

김 그림을 능숙하게 그리게 되었다는 것은 그림 그리는 기술이 생겼다는 건데, 그런 기술로 다른 사람에게 잠시 멋있어 보일 수는 있지만, 자신을 새롭게 만나는 탐험은 끝나버리는 거지. 그냥 그림 그리는 기술을 가진 한 사람이 되는 거지.

홍 그런가요?

김 나는 홍이 그림을 배우는 과정에서 끝없이 모르는 세계로 나가길 바래. 늘 새로워질 수 있었으면 좋겠어.

홍 그림을 그리면서 늘 새로워진다고요. 그러려면 어떻게 해야 해요?

김 불확실성과 불안함을 즐기는 거지. 늘 내가 어떻게 하는지 두고 보는 거야. '이번에는 무엇을 새롭게 만날 수 있을까?'하고. '세상과 나에 대해 새롭게 만날 수 있는 것이 무엇일까?' 하면서.

홍 불안감을 즐기라고요? 어떻게 불안감을 즐길 수 있죠?

김 지금까지 나와 여러 장의 그림을 그려 왔잖아. 내가 혹시 그림 그리는 방법을 가르쳐준 적이 있어?

홍 아니요. 늘 그리라고만 하셨지 그리는 방법을 가르쳐주신 적은 한 번도 없죠.

김 내가 그림을 안 가르쳐 줘서 불만이 있어나 보네. 그런데 어떻게 이렇게 근사한 자화상까지 그릴 수 있었지?

홍 글쎄요. 저도 잘 모르겠어요. 선생님이 하라고 하는 대로 하다 보니 그려진 거 아니에요?

김 미스 홍은 원래부터 그림을 그릴 수 있는 능력을 가지고 있었고 나는 그것을 사용할 수 있는 기회를 준 것뿐이야.

홍 맞는 말씀인 거 같아요.

김 사람들은 그림을 배운다고 말하지. 하지만 지금 미스 홍이 배우지 않고도 그림을 그릴 수 있었잖아. 그리고 그 과정에서 그린 그림들은 누구에게도 배우지 않은 자신만의 표현들이야. 그야말로 자신의 존재 방식을 그대로 담고 있는 그림인 거지.

홍 그래도 선생님이 계셨으니까 이렇게 그릴 수 있었던 거 같아요. 혼자서는 이렇게 그릴 수 없었을 거예요.

김 그 말은 고마워. 하지만 내가 한 일은 고작 스스로 그릴 수 없다는 생각이나 감정에 빠지지 않고 그 두려움과 마주할 수 있도록 설득한 것뿐이야.

홍 그런가요?

김 그때마다, 미스 홍은 내가 하는 말을 이해해서가 아니라 내 말을 한번 믿어 보고 자신을 던져본 거지.

홍 '던진다'라고 하신 말씀은 사실이에요. 늘 알 수 없는 말씀을 하셨고 저는 그냥 했는데 잘했다고 칭찬해 주셨어요.

김 나는 홍이 이제 스스로 자신의 새로운 면을 표현하고 그것을 즐기는 쪽에 섰으면 좋겠어.

홍 하지만 아직 혼자 그림을 그리라고 하시면 잘되지 않을 거 같아요.

김 이렇게 멋진 자화상을 그리고도 자신의 타고나 능력을 믿기 어렵나 보네.

홍 네, 그런 거 같아요. 아직은 더 연습이 필요한 거 같아요.

빈세트 반 고흐, 자화상, 1887

램브란트, 아내 사스키아와 함께 자화상, 1636

윤두서, 자화상, 1668

김 자화상은 동양과 서양 모두에게서 나타나는 형식이야. 물론 재료와 미적 형식은 다르겠지만 화가가 자신의 얼굴을 그린다는 점은 같지.

홍 네.

김 화가가 자기 얼굴을 그림으로 그린다는 것은 화가의 자의식이 높아졌다는 것을 의미해. 즉 자신을 독립적이고 주체적인 인간으로 인식할 때 가능한 일이지. 만약 자신을 누군가에게 속한 노예로 인식할 때는 감히 자신의 얼굴을 그림으로 남길 수가 없어.

홍 그렇겠네요.

김 자신을 마주 보고 그린다는 것은 굉장히 도전적인 일이야. 인간에게 똑바로 보기 가장 어려운 대상이 바로 자기 자신이거든.

홍 그러게요. 저도 제 얼굴을 보고 그리면서 어떤 모습이 그려질지 두렵기까지 했어요. 나도 모르게 예쁘고 좋은 모습이었으면 좋겠다고 기원하는 마음이 생기더라고요.

김 자신의 얼굴을 많이 남긴 화가로는 렘브란트와 고흐가 있는데, 이들은 바로 이러한 자의식을 가진 작가라고 말할 수 있지. 그들의 그림이 우리에게 강렬하게 다가오는 이유는 그러한 두려움과 호기심을 피하지 않고 마주했기 때문이야.

홍 마주했다는 뜻이 알 것도 같고, 모호하기도 해요.

김 마주한다는 의미는 '멋있고 좋은 모습을 그려야겠다.' 혹은 '두려운 모습을 그려야겠다'라고 정하지 않고 계속해서 새롭게 만나 가는 과정을 의미해.

홍 왜 선생님이 상세히 설명하시면 늘 더 어려워지는지 모르겠어요.

오일 파스텔로 나의 얼굴 그리기

오일 파스텔과 손거울을 준비하세요. 작은 거울로 얼굴을 한번 구석구석 들여다보세요. 가장 마음에 드는 부분은 어디인가요? 이제 그곳부터 그리기 시작하세요. 색은 두 가지 이상을 섞어서 표현해 보세요. 특히 검은 머리와 검은 눈동자도 색을 섞어 나의 눈동자 색, 나의 머리카락 색을 만들어 보세요. 피부는 결이 있어요. 그 흐름을 따라가세요. 얼굴형은 눈, 코, 입과 머리가 그려지면 자연스럽게 드러납니다. 머리까지 완성하고 나면 자연스럽게 머리 뒤쪽에 있는 배경도 색으로 칠하세요. 배경은 공기를 색으로 표현해도 좋고, 작은 손거울로 보이는 뒤쪽 배경을 그대로 그려도 좋습니다.

자화상을 그리면서 자신에 대해 새롭게 알게 된 점을 적어보세요.

좌우 대칭이 비뚤어지고, 크기가 서로 달라져도 만약 흐름을 연결해서 완성했다면 묘하게 자연스럽게 보입니다. 그러한 자연스러움은 우스꽝스럽게 보여도 나름의 아름다움을 갖게 됩니다. 오히려 자신만의 미적 언어가 될 수 있습니다.

가장 마음에 드는 부분은 어디인가요? 그 이유를 적어보세요.

가장 마음에 들지 않는 부분은 어디인가요? 그 이유를 적어보세요.

마음에 드는 이유는 여러 가지일 수 있습니다. 예뻐 보여서 좋을 수도 있고, 나다워 보여서 좋을 수도 있습니다. 자신에 대한 존중감이 높을수록 못나게 그려졌어도 나다워 보이는 부분에 호감을 느끼게 됩니다.

03 | 사진 속 친구 그리기

홍 　사진 보고 그리기도 비슷하게 그리면 되나요?

김 　인물을 내 눈으로 보고 그리는 것과 사진을 보고 그리는 것은 완전히 다른 그리기야.

홍 　그런가요? 별로 다르지 않을 것 같은데요. 같은 얼굴을 그리는 거잖아요.

김 　직접 사진을 보고 그려 보면 내 말을 이해할 수 있을 거야.

홍 　네, 좋아요.

김 　친구 얼굴을 사진으로 찍어 와봐. 가족 중 한 사람의 얼굴도 좋고.

홍 　가족이나 친구보다 제가 좋아하는 연예인을 그리면 안 될까요?

김 　음… 평소에 잘 알고 지내 온 사람의 사진이었으면 좋겠어. 왜냐하면, 그림을 그린다는 것은 대상을 배워가는 과정이거든. 배운다는 것은 새롭게 알아가는 거잖아.

홍 그림을 그리는 것이 만나는 과정이라고 말씀하지 않으셨나요?

김 만나는 것이 배워가는 거야. 연예인의 사진 속 이미지는 그 사람 자체라기보다 대중이 보고 싶어 하는 이미지야. 보통 사람들은 자신이 갖고 있지 못한 이상적 모습이나 비현실적인 모습을 스타의 모습에서 보고 싶어 하지. 그래서 연예인의 멋진 사진 속에는 새롭게 무언가 배울만한 것을 발견하기는 힘들어.

홍 그리는 것이 배우는 것이군요. 맞아요. 저도 저의 얼굴을 그리면서 저 자신에 대해 많은 것을 새롭게 느꼈거든요. 지금까지 살면서 단 한 번도 저 자신을 그렇게 자세히 본 적이 없었어요.

김 맞아. 그림을 그려 보면, '우리가 항상 보고 싶은 것'만 보고 살고 있다는 것을 발견하게 되는데, 그것이 어쩌면 가장 큰 배움이지.

홍 선생님, 친구 얼굴은 어떻게 찍으면 좋을까요?

김 내가 아는 친구의 모습이 가장 잘 드러나게 찍어 오면 돼.

홍 그러면 제가 보고 싶어 하는 모습을 찍는 거 아닌가요? 아까 새롭게 배우는 거라고 말씀하시지 않았나요?

김 그랬지. 사실 우리는 '내가 아는 친구의 모습'이 무엇인지 잘 모르거든. 친구를 찍고 그리면서 그것을 배우게 될 거야.

김 연필로 시작해 보자. 자화상을 그릴 때는 작은 거울로 부분만 보고 완성했잖아. 그것은 전체 이미지에 대한 자기비판을 억제하기 위해서였어.

홍 아, 그런 의도가 있으셨군요. 그럼, 사진을 보고 그리는 것은 어떻게 부분만 보죠?

김 사진은 그냥 전체를 보고 그려 보자.

홍   부분만 보고 그리는 것이 아니라 전체를 그냥 보고 그리라는 말씀이죠? 잘 할 수 있을까요?

김   다른 사람의 얼굴을 그리는 것은 자기 얼굴보다는 훨씬 편할 거야. 그리고 이미 그리는 것을 몸으로 체험한 상태여서 자연스럽게 그려질 거야.

홍   네, 좋아요.

김   그리는 순서는 자화상이랑 같아. 가장 좋아하는 부분부터 그려봐.

홍   네.

홍   선생님, 직접 보고 그릴 때와 사진을 보고 그리는 것이 다르기는 하네요.

김   어떻게 다르게 느꼈는데?

홍   확실히 좀 그리는 재미가 덜해요.

김   그리는 재미가 덜한 것이 어떤 건지 자세히 말해 봐.

홍   뭐랄까… 밋밋하고 그릴 게 별로 없는 느낌?

김   잘 느꼈어. 사진은 그저 대상의 그림자일 뿐이야. 그래서 대상이 가지고 있
       는 많은 정보 가운데 일부만 담고 있지. 닮게 그리기에는 사진이 편하지만
       정말 대상에 대한 생생한 느낌은 직접 보고 그리는 것과는 전혀 달라.

홍 그러게요. 그리는 느낌이 너무 달라서 놀랐어요. 그런데 결과는 뭐 별로 다르지 않은 거 같기도 하고요.

김 우리가 대상을 그린다는 것은 단순히 시각적인 것만을 의미하지 않아. 우리의 몸은 눈에 보이는 것보다 훨씬 많은 것을 읽을 수 있어. 그런 다양한 정보는 보이는 대상을 필연적으로 보이는 것과는 다르게 그리도록 만들지. 그것을 틀렸다고 보는 것이 좋을까? 아니면 더 생생한 표현이라고 보는 것이 좋을까?

홍 잘 모르겠는데요. 하지만 대상을 직접 보고 그리는 것이 더 재미있는 것은 사실이에요.

김 맞아. 더 흥미롭고 매력적인 그림이라면 단순히 '닮았다' 또는 '안 닮았다'만을 두고 따질 문제는 아니지.

홍 그런데요, 선생님!

김 왜?

홍 친구 얼굴을 그리면서 알게 된 것이 있어요.

김 그래?

홍 저는 제 친구를 정말 좋아하는 거 같아요. 이 친구의 눈과 코와 입이 너무 절 기분 좋게 해줘요.

김 잘했네.

홍 뭐가요?

김 홍은 그림을 그리면서 자신이 좋아하는 친구의 모습이 무엇인지 더 선명하게 알게 된 거야. 친구의 얼굴을 그려 보면 그 친구가 '어떤 사람인가?'

보다 내가 그 친구를 어떻게 좋아하고 있는지 알 수 있게 돼. 그게 그 친구와 더 가까워지는 방법이지. 내 마음속 친구와 가까워지는 거, 그게 잘한 거야.

홍 설마 그림을 그린다고 실재 친구와 더 친해지는 것은 아니죠?

김 맞아. 내 마음속 친구가 선명해 지면, 밖에 있는 친구와도 더 가까워져.

홍 정말 그럴까요?

김 다음번에 친구와 만난 후 그 친구에 대한 느낌을 말해 줄래?

홍 네, 선생님, 알겠어요. 다음에는 뭘 그릴까요?

김 명화로부터 배우면서 그려 보자.

홍 명화요? 재미있겠는데요.

사진으로 친구 얼굴 그리기

내가 좋아하는 친구를 만나서, 평소에 잘 알고 있던 친근한 친구의 얼굴을 사진으로 찍어 보세요.
연필을 이용해 친구의 가장 마음에 드는 부분부터 완성하면서 친구 사진을 그려 보세요.

친구의 얼굴을 그리면서 새롭게 알게 된 친구에 대한 나의 감정을 적어 보세요.

누군가와 가깝다는 것은 그 사람의 좋은 점만 아니라 나쁜 점까지도 보여주는 사이라는 것을 의미합니다. 친구와 가까워 질수록 평범하지 않은 남다른 점들을 더 많이 알게 됩니다.

사진으로 그린 그 친구의 그 남다른 점을 색만 사용해 추상적으로 표현해 보세요.

잠시 내가 그린 그림을 바라보며 나와 친구의 관계에 대해 새롭게 알게 된 점을 적어보세요.

04 | 인물화 명화에서 배우기

김 나는 미스 홍에게 '나로부터 그림을 배워가는 방법'을 가르치고 있어.

홍 '나'가 선생님이 아니고 저 자신에게 배운다는 말씀을 하시는 건가요?

김 맞아. 미스 홍이 자신으로부터 그림 그리는 방법을 배울 수 있다는 것을 알려주는 거지.

홍 저는 사실 제가 뭘 배우고 있는지 잘 몰랐어요. 선생님은 늘 그냥 "그려라"라고만 하시고 저는 그때마다 제 하고 싶은 데로 그냥 해보고, 그런데 신기하게 늘 멋진 그림이 그려진 거 같아요.

김 홍 말대로 나는 늘 그냥 할 수 있다고 말하고 있어. 내 말을 믿고 해보면 자기 방식의 그림이 그려지지. 사실 그림이라는 것은 그것으로 충분해.

홍 네.

김 오늘은 좀 더 타인을 염두에 두는 그림을 그리는 방법을 알려 주려고 해. 우선 그림과 거리를 두게 되면 더 객관적인 표현이 돼.

홍 객관적인 표현이라는 것이 무슨 말씀이죠?

김   보는 사람의 시선을 고려한다는 뜻이야.

홍   그게 뭐가 다르죠?

김   사진을 보고 그리는 것은 손거울로 내 얼굴을 그리는 것보다 그림과 나 사이에 거리가 더 멀다고 한다면 이해가 가겠어?.

홍   음… 그 말씀은 좀 알 것 같아요. 사진을 보고 그릴 때 밋밋하게 느껴진 것이 그 거리감 때문인 것 같아요.

김   대상을 거리를 두고 보게 되면 그사이에 공간을 지각할 수 있게 돼. 그 공간은 무한히 확장될 수 있지. 그림의 화지는 내가 확장된 전체를 상징해.

홍   도화지가 나의 전체라고요?

김   그림 그릴 때 도화지는 내가 사는 세상 전체이지.

홍   좀 더 설명해 주세요.

김   좀 부담스럽게 들리더라도 잘 들어봐. 그림을 그린다는 것은 어떤 의미에서 우주에 나를 펼치는 거야.

홍   좀 과장이 심하신 것 같지만, 그렇게 생각해 볼 수는 있을 것 같아요.

김   한번 그렇게 생각해 보자고. 도화지가 나의 우주고 그곳에 그림을 그린다는 것은 우주 속에 내가 어떻게 살고 있는가를 드러내는 거라고. 그래서 전체 화면을 어떻게 사용하는가를 보면 그 사람이 이 세상을 어떻게 살고 있는가를 엿볼 수 있어. 어떤 이는 화면을 가득 채우며 사는 사람도 있고, 어떤 이는 한쪽으로 살짝 치우쳐서 살 수도 있고. 때로 마음의 어려움이 있는 사람은 공간의 아주 작은 부분만 사용하기도 하지.

홍   그런가요?

김 이렇게 전체와 주인공의 관계를 미술에서는 구도라고 하는데, 전통적인 화가들은 화면 전체와 부분의 관계, 즉 배경과 사물 간의 관계를 사람들에게 좋게 보이게 하는 규칙을 찾으려고 노력했어. 화면 전체와 그리려는 대상과의 관계를 어떻게 해야 멋있어 보이는가를 고심한 거지.

홍 멋있어 보이면 좋죠. 하지만 저는 선생님과 그림을 그리면서 그걸 먼저 생각한 적은 없었던 거 같아요. 남한테 멋있게 보여야 한다면 뭔가 긴장돼서 잘할 수 없었을 거 같아요.

김 맞아. '그림 그리는 내가 주체가 되는가?'에서 '보는 사람에게 멋있어 보이도록 그릴 것인가?'로 오면 완전히 의미가 달라지. 이때 중요한 것은 그림을 그리는 화가가 아니야. 그림을 밖에서 감상하는 사람의 시선이 중요하지.

홍 실제로 그림도 달라 보이나요?

김 서양 그림 대부분은 보는 이를 위한 그림이야. 그래서 멋있어 보이는 방법, 즉 좀 더 객관적으로 의사소통하는 방법이 잘 발달했어. 즉 명화로 알려진 서양 작품을 잘 연구하면 타인에게 좋게 보이는 전체와 부분의 관계, 멋있는 구도를 배울 수 있어.

홍 구도는 타인에게 좋게 보이는 방법이군요.

김 좋게 말하면, 구도는 자신의 존재를 잘 드러내는 방법도 되지. 그래서 타인에게 자신을 멋진 존재로 보이고 싶다면 구도를 연구해 볼 가치가 있는 거야. 예를 들어 현대미술의 경우는 전통적인 구도를 무시하는 경향이 강해. 그 의미는 보는 자보다 그리는 자의 경험을 더 중요시한다는 거지. 하지만 만약 타인에게 좋게 보이는 그림을 그리고 싶다면 명화의 구도를 연구하면 돼. 서양의 명화는 좋은 참고서가 되거든.

홍 생각해 본 적도 없는 말씀이에요. 명화로부터 배울 것이 기법이나 표현 방법이 아니라 구도라는 말씀이 좀 색다르게 들려요.

김 그럴 거야. 미술을 전공하지 않은 사람에게 구도는 낯선 단어일 거야. 하지만 사실 그림에서 가장 중요한 것은 구도야.

홍 구도가 그렇게 중요한 거예요? 저는 그 안에 그려진 그림이 중요한 줄 알았어요.

김 다른 사람에게 내가 의도한 대로 보여주고 싶다면 구도를 인식할 줄 알아야 해. 구도는 그대로 메시지가 되거든.

홍 구도가 메시지라고요? 메시지면 내용이 있어야죠.

김 아까 말했듯이 구도라는 것은 전체와 부분의 관계야. 그리고 그 말은 나와 세상과의 관계 맺는 방법, 나의 삶의 태도, 나의 존재 방식을 전달하지. 우리는 무의식적으로 내가 표현하고 싶은 메시지, 내가 세상과 맺고 있는 관계를 표현하는 능력이 있어. 그래서 내가 그리는 그림에 대한 확신이 있을 때는 그대로 그리면 나의 메시지에 부합하는 구도를 사용하게 되는 거지. 지금까지 그린 그림은 내가 하고 싶은 말이 무엇인지 모르는 상태에서 무의식적으로 선택되는 구도였어.

홍 네, 그렇군요.

김 그래서 구도에 메시지를 담으면, 사람들이 의식하지 못한 채 메시지를 전달받지. 그것을 알려 주려는 거야. 좀 더 사람들에게 멋있는 그림을 보여주고 싶다면 과거의 명화로부터 배울 수가 있다는 거지.

홍 선생님, 그래도 저는 명화로부터 배운다는 말씀이 멋있게 들려요. 그럼 어떻게 하면 되죠?

김 좋아. 인터넷으로 멋있어 보이는 명화를 하나 선택해봐.

홍 네.

홍   이런 현대 작품도 괜찮아요?

김   피카소는 현대 작가이면서도 전통적 구도를 많이 연구한 화가지. 배울 게
     많은 작가야.

홍   그럼 피카소처럼 그려야 하는 건가요?

김   아니, 구도만 참고할 거야. 실제 그림은 친구 사진을 가지고 하자.

홍   친구 사진을요?

김   사진을 찍어 오는데, 이 작품을 보고, 화면 안의 전체와 대상의 관계를 최
     대한 맞춰서 사진을 찍어봐.

홍   네.

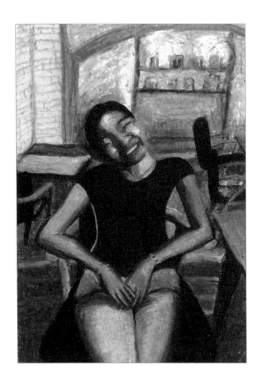

홍   제 친구가 너무 사랑스러워요. 그리는 내내 미소를 지었어요.

김   피카소 역시 그림 속 여인을 사랑했을 거야.

홍   아, 그랬을까요?

김   홍이 지금 말했잖아. 친구가 사랑스럽다고. 이 구도가 전달하는 메시지야.

홍   "구도가 메시지다."라는 말씀이 정확하게 와닿지는 않지만 이렇게 그린
      그림이 훨씬 멋있어 보이는 것 같기는 해요.

김 맞아. 우리는 이미 그림을 그릴 수 있는 능력을 갖추고 있어. 그렇다고 전통으로부터 배울 것이 없는 것은 아니야. 특히 한 시대에서 명화로 받아들여졌다면 그 안에는 그 시대 사람들의 모습 또는 그들이 추구하는 이상이 담겨있지.

홍 명화에는 그 시대의 사람들의 모습이 담기는군요.

김 맞아.

김 그렇다면, 오랜 시간 동안 명화로 많은 사람의 사랑을 받는 작품에는 뭐가 담겨있겠어?

홍 음… 긴 시간 동안 사람들이 좋아했다는 것은 그 시간 동안 사람들의 좋아할 만한 무언가가 있다는 뜻일까요?

김 그렇지. 더욱 인간의 보편적 가치가 담겨있다는 뜻이겠지. 시간이 지나도 잘 변화하지 않는 인간에 관한 이야기가 담겨있겠지.

홍 그러면 오래된 명화를 그리다 보면 보다 근원적인 인간에 대해 배울 수 있겠네요.

김 그뿐 아니라 타인에게 그림으로 나의 메시지를 전달하는 보다 세련된 구도도 배울 수 있지.

홍 그러면 시대가 변하고 사람들의 삶도 변하면 사람들이 좋아하는 구도도 변화하나요?

김 맞아. 변하지. 예를 들어 지금 사람들이 좋아하는 구도는 과거 보다 훨씬 대상을 가까이에서 보여주거나, 일부분만 보여주는 방식이잖아. 마치 스냅 사진 같은 구도.

홍 그것도 사람들의 이상을 담고 있는 건가요?

김　타인의 시선보다 나의 존재, 나의 감각, 순간적인 즐거움, 그런 것들이 더 중요하다고 사람들이 생각한다는 거지. 최소한 타인의 시선은 무시하는 척하면서 나의 삶을 즐길 줄 아는 것이 이 시대의 이상적이고 더 세련된 방식이라고 느끼는 사람들이 많다는 거야.

홍　그럼 이전에 선생님과 그렸던 그림이 더 현대적인 방법이겠네요? 오로지 나에게만 집중해서 그렸잖아요.

김　맞아. 홍은 구도에 대한 이해가 조금씩 되는 것 같네. 정말 중요한 것을 이해했으니 오늘 수업을 여기까지만 하자.

명화를 이용해 인물화 그리기

좋아하는 화가가 그린 인물화를 찾아보세요. 가능한 잘 알려진 작품을 선택해 보세요. 그 작품과 비슷한 구도로 친구의 모습을 사진으로 찍으세요. 전체와 부분의 비례, 몸통과 얼굴의 방향, 손과 발의 위치를 세밀하게 관찰해서 표현해 보세요. 친구의 사진 옆에 명화도 프린트해서 놓아두세요. 그리고 원하는 재료(오일 파스텔, 아크릴 등)로 그리세요. 순서는 전체와 부분의 비례를 먼저 표시하시고, 얼굴과 몸통의 방향, 손과 발의 방향을 표시하세요. 그리고 넓은 면에서 작은 면으로 칠해 나가세요.

어떤 작가의 작품을 선택하였나요?

인터넷에서 그 작가와 작품에 대해 자료를 읽어 보고, 인상 깊었던 내용을 간단하게 적어 보세요.

그 작가의 경험과 자신의 경험 사이에 어떤 공통점이 있나요? 만약에 있다면 적어보세요. 생애사이든, 철학이든, 단순히 스타일이나 선호도 좋습니다.

내가 선택한 예술작품은 나에게 의미가 있습니다. 나의 선택은 작가의 삶과 나의 삶이 맞닿는 작은 공감이 있었다는 의미일 수 있지 않을까요? 나의 공감으로부터 예술작품에 다가서면 보다 선명한 이해를 얻게 됩니다.

Part 5.

공간을
그리다

나의 몸에서 먼 곳부터 천천히 손
가는 대로 그리면서 다시 나의
몸으로 되돌아오고, 또 나의 몸
밖으로 나갔다가 나로 돌아오고를
반복하면서 완성해 나가면 그
안에서 공간이 드러나게 돼.

01 | 나를 둘러싼 공간 그리기

김 이제 더 넓은 곳으로 나와서 공간을 그려보자.

홍 공간이요?

김 공간은 나를 둘러싸고 있는 환경이야. 그 공간을 그려봐.

홍 막막한데요. 어떻게 시작해야 할지 모르겠어요.

김 같은 방법이야. 꽃을 그리거나 내 얼굴을 그리는 것과.

홍 꽃이나 얼굴은 보고 그릴 것이 있었잖아요. 그런데 공간은 무엇을 보고 그리면 되죠?

김 홍, 지금까지 나와 한 것은 꽃을 보고 그린 적이 없었어.

홍 무슨 말씀이시죠?

김 잘 생각해봐. 나는 언제나 대상을 봤을 때의 나의 떨림을 그대로 드러내라고 했는데.

홍 네, 선생님은 언제나 그렇게 말씀하셨죠. 저도 항상 그렇게 그림을 시작했고요.

김   공간이라는 것은 나의 몸을 둘러싸고 있는 환경이야. 내 몸과 공간의 떨림
     을 드러내는 거야.

홍   '내 몸의 떨림?' 선생님, 그래도 어떻게 시작할지 잘 모르겠어요.

김   같은 방법으로 하면 돼. 홍이 지금 있는 이 장소를 둘러 봐. 그리고 가장 마
     음에 드는 공간을 찾아봐.

홍   가장 마음에 드는 공간이요?

김   몸의 감각을 최대한 이용해서 내 몸이 다르게 반응하는 공간을 선택해봐.

홍   공간에 내 몸이 반응한다고요?

김   맞아. 공간은 무엇보다도 강력하게 몸의 반응을 일으키거든. 인간은 언제
     나 공간에 있는 대상에 의식을 빼앗겨서 공간이라는 것을 잘 인식하지 못
     해. 그래서 오히려 공간은 인간의 무의식에 더 큰 영향을 미치지. 무의식
     적인 영향은 의식적인 것보다 훨씬 몸의 감각과 감정에 크게 영향을 주고.

홍   네, 선생님. 마음에 드는 곳이 있어요. 그냥 그려볼게요.

처음 그린 그림   다시 그린 그림

홍   선생님, 무엇을 어찌해야 할지 잘 모르겠어요. 공간이 혼란스럽게 느껴져
     요.

김   보이는 모든 것을 그려야 하는 것은 아니야. 그 공간에서 나의 몸이 반응
     하는 것들을 그려내도록 해.

홍   아, 보이는 데로 다 그리지 않아도 되는군요.

김   그리고 반복해서 공간과 나의 몸 사이를 오가며 공간에 감정을 실어 봐.

홍   공간에 감정을 실어 보라고요?

김   응, 잘 모르겠으면 시작했던 곳에서 다시 시작해봐. 그것을 중심으로 점점
     공간을 펼쳐 나가면서 나의 몸으로 되돌아오는 거야. 눈에 보이는 사물들
     과 나의 몸 사이를 채워나가는 거지.

홍   음…

김 나의 몸에서 먼 곳부터 천천히 손 가는 대로 그리면서 다시 나의 몸으로 되돌아오고, 또 나의 몸 밖으로 나갔다가 나로 돌아오고를 반복하면서 완성해 나가면 그 안에서 공간이 드러나게 돼.

홍 몸으로 다시 돌아온다는 말씀이 조금 와닿았어요. 내내 마음이 공간 속 사물들에 가 있었던 거 같아요. 사물들이 아니라 내 몸으로 되돌아오는 길에 만나는 공간을 그리라는 말씀이죠.

김 응, 알아들은 것 같네. 내 몸을 중심에 두었을 때 공간 속 사물들이 제 자리를 찾게 돼.

홍 혼란스럽다가 점차로 무엇을 하고 있는지 알게 되었어요.

김 그림을 그린다는 것은 내 의식에 들어온 세상을 드러내는 거야. 나와 상관없는 세상이 존재한다고 생각하면 사물들은 우주를 부유하는 그림자가 돼. 내 몸으로 펼치는 세상이라는 것을 명확하게 인식하게 되면 사물들은 화면 안에 제자리 찾게 할 수 있지.

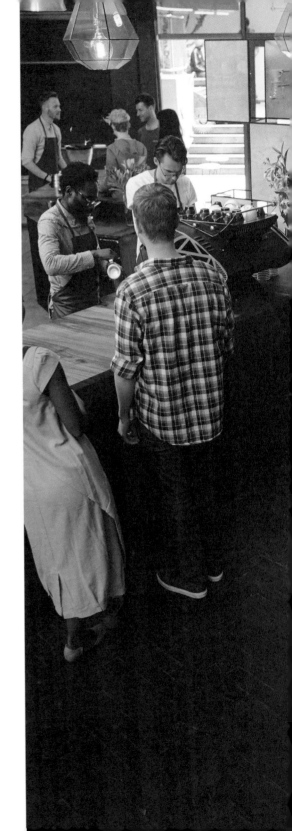

홍 선생님, 그래도 내가 그리는 것은 밖에 있는 사물들이지 않나요?

김 홍이 경험하는 세상은 홍이 있어야만 존재하는 거 아닐까? 그림을 그린다는 것은 내가 경험하는 세상을 드러내는 거야.

홍 그런가요? 사물들을 그리는 것이 아니라는 거죠.

김 나를 둘러싸고 있는 사물들을 드러내는 거라는 거지.

홍 그러면 내가 그리는 그림을 보면 내가 사는 세상을 어떻게 의식하는가를 알 수 있겠네요.

김 맞아. 그림은 내가 경험하는 내 의식 속 세상이야. 그런데 더 중요한 것은 내가 경험하는 세상에 호기심과 사랑을 갖게 되면 늘 새로운 세상을 발견할 수 있다는 거지.

홍 늘 새로운 세상을 발견하게 된다고요?

김 그림을 그린다는 것은 나의 세상을 새롭게 발견하고 새롭게 창조할 수 있는 기회를 얻는다는 거야. 그렇게 새롭게 발견하는 시도를 하지 않으면 우리는 늘 같은 세상, 같은 물건들 속에 똑같은 행동을 반복하는 좀비 같은 존재가 될 수도 있어.

홍 나에게 관심을 두느냐, 남들이 보는 나에게 관심을 두느냐가 중요하겠네요?

김 그렇지, 하지만 정확히 말하면, 타인의 시선 역시 내가 만들어 놓은 나일 뿐이야. 완고하고 평가적이고 두려워하는 나, 타인 앞에서 내가 완벽해야 한다고 강요하는 고집 센 나의 유령인 것이지.

홍 유령이라고요? 나를 바라보는 사람들의 시선이 사실은 존재하지 않는 내 마음속 유령이라고요?

김 맞아. '나를 멋있게 봐주었으면 하는 사람들의 시선' 이것은 나를 통제하고 나를 자유롭게 하지 못하는 유령 같은 존재야. 그것의 실체는 내가 남을 평가하는 시선이야. 실제 사람들은 그들이 보고 싶은 대로 나를 보고 평가하지. 그것은 사실상 내가 알 수 없는 부분이야. 내가 생각하는 남이라는 존재는 '나'야.

홍 그럼 타인의 시선을 의식한다는 건, 자신의 시선을 의식하는 거네요?

김 더 정확히 말하면, 자기가 자신을 감시하는 거지.

홍 선생님, 아직은 정말 잘 모르겠어요. 믿어지지 않아요.

김 믿어지지 않아도 괜찮아. 색을 이용해서 공간 그리기를 한 번 더 해보자.

연필로 나의 공간 그리기

당신이 지금 있는 장소에서 주변을 둘러보세요. 당신의 마음에 들어오는 공간을 선택해 보세요. 사람이 있어도 좋고, 아무것도 없어도 좋습니다. 연필로 그곳을 그리기 시작해 보세요. 한 지점부터 점점 화면 전체로 확장하며 공간을 완성해 보세요.

만약 그림을 그리다가 어찌해야 할지 모르겠다는 생각이 들면, 자신의 몸을 인식하는 데서 다시 시작하세요. 당신의 몸에서 가장 먼 공간부터 그 사이를 메운다는 느낌을 찾아서 다시 시작해 보세요

그림을 보고 짧은 시를 지어 보세요.

02 | 색으로 공간 그리기

김 검은 도화지에 아크릴로 그리면 밤 풍경을 그릴 수 있어.

홍 그래요? 재밌겠는데요.

김 아크릴은 수채화와 유화의 특성이 모두 있는 재료야. 물에 녹기 때문에 수채화 같은 효과도 낼 수 있고, 물을 섞지 않고 그리면 유화처럼 불투명하게 쓸 수도 있어.

홍 선생님, 검은 도화지에는 수채화처럼 그릴 수는 없을 거 같은데요.

김 응, 맞아. 아크릴을 유화처럼 쓸 거야. 물은 가능한 한 적게 쓰고 아크릴 물감을 그대로 사용해서 그려봐.

홍 네, 그럴게요.

김 가장 마음에 드는 장소를 선택하고 그곳부터 시작해서 주변으로 나아가봐.

홍 네.

김   공간을 그린다는 것은 나를 공간으로 확장하는 거야.

홍   나를 확장하는 거라고요?

김   눈에 보이는 것을 그리는 것이 아니라 내 마음에 들어오는 만큼 그린다는
     것을 잊지 마.

홍   네, 그런데 그리다 보면 자꾸 그리는 사물에 모두 그려야 할 거 같아요. 그
     러다 보면 문득 너무 산만해진 느낌이 들고요.

김   그럴 때는 나의 몸으로 의식을 가지고 와야 해. 잠시 내 몸과 공간의 관계
     를 환기해봐. 그리고 다시 처음 시작했던 곳부터 하나씩 점검하듯이 그려
     나가봐.

홍 네, 몸으로 돌아와서 처음 시작한 곳부터 다시 느끼면서 해볼게요.

김 응, 좋아. 특히 색을 쓰기 시작하면 더욱 밖에 있는 대상에 마음을 빼앗기고 말지. 그때 방법은 자신을 스스로 환기하는 거야. 나의 몸과 세상의 관계를, 지금 내가 그리고 있는 세상은 나의 의식에 들어온 나의 세상이라는 것을 일깨우는 거야.

홍 네.

김 그래서 나에게 크고 강렬하게 다가오는 것은 크고 강렬하게, 나의 의식이 선택하지 않은 것은 그만큼만 드러내는 거야.

홍 선생님, 조금은 달라진 거 같아요.

김 공간을 그린다는 것은 공간으로 확장된 나를 그리는 거지.

홍 선생님, 내 몸으로 돌아와서 그리는 것을 해보니까 점점 내가 하고 있는 일이 무엇인지 알 거 같은 느낌이 들어요.

김 응, 좋아. 내가 사는 세상의 주인은 나야. 세상의 것들은 나를 구성해 주는 나의 부분들이지. 무엇하나 소중하지 않은 것이 없고, 무엇하나 버려야 할 것도 없지만, 세상의 것이 나의 주인이 되게 하지는 말아야 해.

홍 뭐랄까. 조금씩 혼란스러운 공간이 제자리를 찾는 느낌인데요.

김　이렇게 눈에 보이는 사물뿐 아니라 세상에는 우리의 마음을 빼앗은 것이 많아. 대표적으로 돈, 명예, 사랑 같은 것들 말이야. 그런 것들은 우리의 마음을 사로잡지. 실제로 그것을 갖는 것만이 행복해지는 길이라고 믿어지지. 하지만 많은 경우 그것들을 갖거나, 가지지 못하거나 양쪽 모두 실망하게 되기 쉬워.

홍　그러게요. 그래서 그런 욕심 나는 것들 말고 더 가치 있는 것을 추구해야 하는 거 아니에요?

김　글쎄, 세상의 것들이 잘못되었다기보다는 우리가 자신을 잊어버리고 그것들을 주인으로 섬긴 것의 결과가 허무감과 실망감인 거 아닐까?

홍　우리가 자신을 잊어버린 것의 결과가 실망감이라고요?

김　공간을 그릴 때 밖의 것들에 집중해서 그리다 보면 그리는 순간에는 해야 하는 일을 하는 것 같은 느낌이 들지만, 어느 순간 내가 그린 사물들이 혼란스럽게 느껴졌다고 홍이 말했잖아.

홍　네, 맞아요. 보이는 것들을 그리고 있었는데, 어느 순간 그것들이 혼란스럽고 뭘 해야 할지 모르겠다는 느낌이 들었어요.

김　우리의 삶도 비슷해. 열심히 세상 사람들이 얻고 싶어 하는 것들 얻기 위해 일하고, 성취하고, 소유하고 이런 것들에 몰두하다 보면 문득 자신이 해야 하는 것이 무엇인지 알 수 없는 순간이 오지. 그래서 '다 필요 없다'라는 말을 하게 되기도 하고, 그래서 진짜 필요한 것을 찾기 위해 다른 것들을 해 보지. 봉사도 하고, 예술도 하고, 기부도 하고.

홍　그러면, 진짜 중요한 것은 뭐예요?

김　지금 홍이 그림을 그렸잖아. 혼란스러웠는데 어느 순간 모두 제자리를 찾기 시작했다고 말했잖아.

홍   네, 그렇게 말했어요.

김   홍이 대답해봐. 진짜 중요한 것이 무엇인지.

홍   저는 제 몸으로 돌아와서 처음 시작했던 곳부터 다시 그려나가기 시작했어요.

김   그때 처음과 달라진 것이 뭐였어?

홍   음… 내 몸이 있고, 밖에 사물들이 있다는 느낌?

김   맞아. 내가 있고 사물들이 있다는 의식, 그거야.

홍   사물들을 그리느라 나를 잊고 있었는데, 나를 중심에 두고, 나와 사물의 관계 속에서 다시 그리기 시작했더니, 그것들이 제자리를 찾기 시작했어요.

김   홍, 그러면, 나를 둘러싼 사물들, 처음에 내 마음을 빼앗았던 사물들이 잘못된 거야?

홍   아니요. 그것들은 원래 그 자리에 있었을 뿐이죠. 다만 내가 그것들을 가지고 혼란스러워했던 거죠.

김   그럼, 세상을 사는데 가장 중요한 것은 무엇인 거 같아?

홍   내가 있다는 느낌?

김   맞아. 그거야. 그것을 계속 일깨우는 거야. 세상의 돈이나, 명예나, 사랑을 멀리하는 것이 아니라. 내가 그것들을 가지고 있고 그것들을 쓴다는 느낌을 계속 일깨우는 거.

홍   그렇군요. 나에 대한 느낌을 잃지 않아야 하는군요.

김   조금 어려운 이야기인데, 나에 대한 느낌을 잃지 않으려고 노력하면 문제가 생겨.

홍   선생님, 갑자기 왜 그러세요? 지금까지 그 말씀을 하신 거잖아요.

김   아니야. 우리는 우리에 대한 느낌을 잃지 않을 수 없어. 매 순간 우리는 무엇인가를 향해 달아나. 해야 하는 일, 갖고 싶은 것, 좋아 보이는 것들을 향해.

홍   그러니까 그러지 않도록 노력해야 하는 거 아니에요?

김   아니. 너무 노력하면 사실은 온종일 자신과 싸우게 돼. 내가 말하는 것은 나와 싸우라는 것이 아니야.

홍   그러면 어떻게 해요?

김   일깨우는 거야. 나 자신을 가능하면 자주. 그거면 충분해.

홍   그러면 혼란스럽다가 다시 찾고, 혼란스럽다가 다시 찾고, 이걸 반복해야 한다는 말씀이에요?

김   정확하게 맞아. 그게 삶이야. 그러다 보면 자연스럽게 나의 세상이 조금씩 더 넓어지고 나의 몸짓은 자연스러워지고, 세상과 더 잘 어울려 살 수 있어 지지.

검은 도화지에 밤 풍경 그리기

검은 도화지와 아크릴 물감을 준비해 주세요.
아크릴 물감을 쓸 때는 아크릴 붓과 팔레트, 물통 등의 도구가 필요합니다.

아크릴 물감은 수채물감과 비슷한 모양으로 생긴 것이 있고 색깔별로 따로 팔기도 합니다. 아크릴 팔레트는 소모품입니다. 몇 번 쓰면 버려야 합니다. 왜냐하면, 아크릴이 마르면 굳어 버리기 때문에 쉽게 쓰고 버릴 수 있는 아크릴판 또는 일회용 접시 같은 것을 써도 좋습니다. 아크릴 붓은 수채화 붓이 털로 만들어진 것에 비해, 인공섬유로 만들어져 있습니다. 관리를 잘 못 하면 한 번 쓰고 버려야 하므로 사용 후 꼭 깨끗이 빨아 놓아야 합니다.

검은 도화지는 두꺼운 마분지를 사용해도 좋습니다. 검은색 마분지를 사용할 경우 완성 후에 보관과 전시가 쉽습니다. 검은 도화지 위에 아크릴로 그림을 그릴 때는 가능하면 물을 많이 사용하지 않은 채로 그려야 합니다. 그림 그리는 순서는 가장 넓은 면에 중간 밝기부터 칠하기 시작해 점차 좁은 면에 어두운 면, 아주 밝은 면 순서로 칠하면 편리합니다.

오늘 밤에 잠시 밖으로 나가 밤 풍경을 아크릴로 그려보세요.

당신이 그린 밤 풍경에 어울리는 노래를 찾아보고 제목을 적어보세요.

03 | 하늘이 있는 풍경 그리기

김 밖에서 나가서 하늘이 있는 풍경을 그려보자.

홍 밖에서요?

김 응, 재료는 가지고 다니기 편한 오일 파스텔로 해도 좋고, 아크릴을 써 봤으니까 아크릴을 준비해도 좋아.

홍 네, 밖에서 그림 그리는 것도 재미있을 거 같아요.

김 응, 재미있을 거야. 밖으로 나가서 하늘 아래 공간 중에 가장 마음에 드는 곳을 찾아서 그림으로 그려봐.

홍 하늘만 그려도 돼요?

김 하늘만 그릴 수도 있겠지.

홍 공간은 나를 확장하는 거라고 하셨잖아요.

김 응, 그랬지.

홍　그럼 하늘로 나를 확장하는 거예요?

김　맞아.

홍　선생님, '하늘로 나를 확장한다.'라는 말을 해놓고도, 실제로 어떻게 해야
　　할지 모르겠네요.

김　먼저 밖으로 나가서 천천히 하늘이 보이는 공간을 걸어봐.

홍　네.

김　걷다가 마음에 드는 하늘이 보이는 자리를 선택해.

홍　네, 그럴게요.

김　그리고 하늘을 먼저 충분히 그려. 가능한 여러 색을 섞어서 내 몸으로 하
　　늘을 표현해봐.

홍　내 몸으로 하늘을 표현하라는 말씀이 '내 몸의 확장이라는 말'하고 관계있
　　는 거죠?

김　응, 그렇게 하늘을 그리다가, 그 하늘이 닿는 아래에 나무든, 건물이든 연
　　결해봐.

홍　네, 선생님. 우선 밖으로 나가서 마음에 드는 자리부터 찾아볼게요.

홍   오늘 하늘은 구름도 없고 뿌옇게 보였는데, 단풍이 예뻐서 하늘과 연결된 단풍을 그렸어요.

김   응, 잘했어.

홍   뭔가 심심해요.

김   그러게 조금 슬프게 보이네. 왠지.

홍   그래요?

김   그런 느낌이 들어. 색은 예쁜데 왠지 슬퍼. 뭐랄까. 가을이라는 계절이 슬픈 거 같기도 하고.

홍   요즘 저의 마음이 그런가 봐요.

김   어떤 하늘인지 제목을 붙여 볼래.

홍   제목이요?

김   그림을 그리면서 들었던 느낌을 단어로 표현해봐.

홍   '노랗고 붉은 색이 푸른 하늘에서 흐른다.'

김   푸른 하늘에서 노랗고 붉은 색이 흘러나오는 거구나.

홍   네, 하늘을 그리는데 자꾸 위에서 아래로 푸른 선이 그어지더라고요.

김   홍이 하늘이 되었나 보네.

홍   그러게요.

김   풍경화는 그린 이의 의식을 보여주지.

홍   그런가요?

김   서양의 경우 풍경이 그림의 소재가 된 것은 18세기가 넘으면서였어. 그전까지 그림이라는 것은 교회와 귀족들에 의해 주문생산 되던 상품이어서 그림에는 주문자가 원하는 내용이 담겨있어야 했지. 하늘과 산은 그저 소재의 배경일 뿐이었어.

홍   그래요? 풍경화가 서양에서는 원래 있던 그림이 아니었어요?

김   특히, 영국의 18세기에 컨스터블과 터너는 하늘과 자연이 갖는 아름다움을 발견하고 사람들에게 자연을 그림의 주제로 인식시킨 사람들인데, 화가가 중요해지는 근대적인 회화의 가능성을 보여준 사람들이라고 할 수 있지.

홍　18세기 이전까지 풍경화가 서양에 없었다는 것이 놀라운데요. 18세기면 산업혁명이 시작된 시기잖아요.

김　맞아. 서양에서의 풍경화는 산업혁명과 같은 사회적 변화를 계기로 왕이나 신보다 개인에 대한 의식이 성장한 것과 관계가 있어. 화가들이 한 개인으로 자신이 보는 아름다움을 가치 있게 표현할 수 있다는 가능성이 탐색 될 때 풍경화가 발전하게 돼.

홍　풍경화가 나의 확장이라는 말씀이 다시 떠오르네요.

김　컨스터블과 터너의 그림에서 하늘과 전원 풍경은 더는 배경이 아니라 작품의 주제야. 거기서 사람은 자연의 지배자가 아니라 거대한 자연에 속한 것 중 하나일 뿐이라고 표현되지. 그건 동양의 산수화에서 보이는 거대한 자연과 그 안에서 유유자적하는 신선의 존재와 비슷한 점이 있어.

존 커스터블 (영국/1776~1837/낭만주의 화가), 1812, 플렛포드 수문과 제분소

터너, 아오스타의 언덕:눈보라, 눈사태, 벼락 1836. 캔버스에 유채

홍   컨스터블이나 터너의 풍경과 산수화가 비슷하다니 뜻밖이에요.

김   서양에 비해 동아시아에서 산수화는 오래된 전통을 가지고 있지. 특히 유
교문화권에서 그림은 보여주기 위한 목적이 아니라 문인들의 인격 수양
의 방법으로 인식되었어.

홍   왠지, 서양을 이긴 거 같은 느낌이 드는데요.

김   이겼다기보다는 서구사회가 자신들의 전통을 거부하고 현대의 새로운 문
명을 만들어나갈 때 인도와 중국으로 들여온 동양의 사상과 철학으로부
터 많은 영향을 받았어. 동양의 음양 사상이나 공(空)에 대한 철학이 서양
지식인들에게 영감을 준 것이지.

홍   그래요? 그것도 잘 몰랐던 사실이에요.

김   우리에게 현대문명이 전통을 떠나 서양식으로 생각하고 생활하는 것이었
다면, 서양인들에게 역시 현대문명은 자신들의 전통에서 벗어나 낯선 생
각과 가치를 삶 속에 받아들이는 일이었어.

홍   현대문명은 서양에서 발전한 거 아니에요?

김   맞아. 하지만 그들에게도 현대는 새로운 문명이야. 특히 서양미술사를 보면 '전통과의 단절'이 바로 현대미술의 시작을 뜻하는 것이기도 하거든. 여기서 전통은 당연히 서양의 전통이지. 전통과의 단절을 선언할 수 있었던 동력은 새롭게 알게 된 지식이었는데, 그 새로운 지식 중에는 과학의 발전이 중심에 있었고 그와 함께 새롭게 알게 된 동양사상도 역할을 했지. 그렇게 서구인들의 세상에 대한 태도가 변화하기 시작한 지점에 나타난 것이 풍경화야.

홍   동양에서의 풍경화는 원래 있었다면서요?

추사 김정희, 세한도 1844

김 　응, 특히 유교문화권인 동북아에서 산수화는 애초부터 그림의 목적이었다
　　기보다, 현실 철학을 공부하는 문인들이 자신의 몸과 마음을 수양하는 하
　　나의 도구로 중요하게 생각했어. 그들에게 산수는 자연이면서 자신의 정
　　신세계의 표현이지.

홍 　동양에서 그림을 그리던 사람들의 신분이 서양의 화가보다 더 높았군요.

김 　그런 셈이지. 물론 전문 도공들도 있었지만, 현실 정치의 주체가 되는 문
　　인들이 그림을 그렸다는 것은 그림을 단순한 기술 그 이상의 의미로 생각
　　했다는 거야. 그 점은 서양적 사고로 보면 현대적인 것이지.

홍 　현대미술 속에 동양 철학이 들어 있다는 말씀이 인상적이에요.

김 　우리나라 국보 중 하나인 '세한도'는 추사 김정희의 작품인데, 그가 현실
　　정치에서 밀려나서 제주도에 유배 갔을 때 그린 그림이야. 김정희는 금석
　　학을 창시한 석학이면서 당시 정치 세력의 중심에 있던 인물이기도 했어.

홍 　아, 이 그림 알아요.

김 　이 그림의 나무 네 그루와 소박한 집 한 채는 그야말로 쓸쓸하고 곤궁했던
　　김정희 자신의 모습을 담은 그림이야. 한편으로 나무와 집의 간결한 표현
　　은 최소한의 것으로 최대한을 표현한다는 '미니멀리즘'의 모토를 생각나
　　게 해.

홍 　문인화가 미니멀리즘 회화라는 그런 말씀인가요?

김 　그렇게 단정 지어 말하는 것은 무리가 있어. 하지만 현대 화가들이 구축한
　　많은 미적 어법을 동양회화에서 찾아볼 수 있다는 점은 흥미롭지.

홍 　동양의 산수화를 그린 사람들이 현실 정치의 중요한 인물들이었다고 생각
　　하니, 동양은 그림을 서양보다 더 가치 있게 생각했던 거 같아요.

김 맞아. 그 말을 하고 싶었어. 특히, 풍경화가 그린 이의 존재를 확장시킨다
   는 점에서 나와 하늘을 동일시할 수 있는 존재감은 단순히 '아름다운 풍
   경을 그렸다'가 아니라, '내가 자연이고 우주다'라는 의식의 표현이었다는
   점을 기억했으면 좋겠어.

홍 내가 자연이다… 지금까지 선생님과 그린 그림은 모두 저 자신의 표현이
   라고 생각해요.

김 맞아.

홍   그렇다면, 그림에 자신을 가장 중요하게 표현하는 것은 서양적 사고라기
     보다, 동양적 사고네요.

김   그래, 그렇게 볼 수 있지. 바로 내가 하고 싶었던 이야기가 그거야.

홍   그러면 지금까지 그렸던 그림들은 재료는 서양 재료를 사용했지만, 동양
     화를 그린 거군요?

김   재미있는 생각이네. 지금까지 홍과 내가 동양화를 그렸다는 말이.

홍   그렇게 말하고 나니, 동양 철학이 지금 우리에게 더 중요한 거 같아요.

김   그림은 동양이나 서양이나 모두 같은 본질을 공유하고 있다고 생각해. 그
     래서 굳이 그것을 나눠서 무엇이 더 좋거나 뛰어나다는 식으로 말하는 것
     은 좀 불편한 일이지. 하지만 우리가 우리의 옛것으로부터 무엇을 배워야
     하는지 아는 것은 우리 자신을 더 가치 있게 보는 데 도움이 될 거 같아.

하늘이 있는 풍경화 그리기

하늘이 보이는 가장 가까운 장소를 찾아 나가 보세요. 먼저 눈에 들어오는 하늘을 색으로 칠하기 시작하세요. 색을 섞어 나의 하늘을 그려 보세요. 하늘 아래 땅과 맞닿는 곳에 자연이든 빌딩이든 보이는 데로 연결해 '하늘이 있는 풍경화'를 완성해 보세요(오일 파스텔 또는 색연필).

오늘 그린 하늘을 통해 알게 된 자신에 대해 적어 보세요.

사진을 찍어 아래의 블로그에 올려주세요. 그림에 대한 저의 생각을 전해 드리겠습니다.
https://blog.naver.com/eunjin4913

CHECK YOUR
PREJUDI

46

Part 6.

현대미술과
나

우리는 낯선 상황에 놓이면
그곳에 놓여 있는 내용물이
무엇인지 관심을 두게 돼. 하지만
그 내용물 이전에 우리의 정서에
무의식적으로 강력한 영향을 주는
것이 공간이야. 우리를 둘러싸고
있는 공간은 잘 인식되지 않지만,
우리 감정에 영향을 미칠 뿐
아니라, 어떤 공간이든 강력한
메시지를 갖고 있어.

01 │ 장소 안에서
발견하는 나

김 혹시 집에 꼭 필요하지 않은 데 가지고 있는 물건이 있으면 챙겨서 왔으면
좋겠어.

홍 물건이요?

김 응.

홍 왜요?

김 그 물건들로 설치작품(어떤 소재를 주위 공간과 어울리게 배치하거나 설치하여 만든
예술작품)을 해보려고.

홍 설치작품이요?

김 지금까지는 그림을 직접 그리면서 자신과 만나는 연습을 해봤다면 이제
조금 더 새로운 방식으로 표현할 수 있다는 것을 알려주고 싶어서.

홍   설치작품이라는 말이 멋있게 들리기는 하는데, 제가 할 수 있을까요?

김   지금까지 그림을 잘 그려 왔잖아. 그것처럼 하면 돼.

홍   네, 아무거나 가져오면 되는 거죠?

김   응, 다 괜찮은데, 직접 사용했던 물건을 가져오면 더 좋고. 꼭 그렇지 않아
      도 돼.

홍   이것저것 좀 가져와 봤어요.

김   홍은 지금까지 그림을 그리면서 그림이 자신의 어떤 부분과 닮아있다고
      느낀 적이 있어?

홍   당연하죠. 선생님과 그림을 그리면서 항상 놀랐던 것이 그 부분이에요. 저
      는 아무 생각 없이 그은 선과 색, 그림을 그렸다고 생각했는데, 다 그려 놓

고 보면 언제나 그림 그릴 때의 나의 상황이나 내가 미처 알지 못했던 나의 어떤 부분을 알려주더라고요.

김 그러면 홍, 혹시 직접 그리거나 만들지 않고 그냥 어떤 사물을 선택하기만 한다면 어떨까?

김 글쎄요. 잘 모르겠는데요.

홍 세계 제1, 2차 대전 때 유럽의 많은 예술가가 미국으로 건너왔어. 그중에 프랑스 작가로 알려진 마르셀 뒤샹이라는 사람이 있었는데, 이 사람이 한 일 중 지금까지 가장 많이 알려진 사건이 하나 있어.

홍 뒤샹이요? 들어 본 거 같아요. 남성용 변기, 맞죠? 그거 만든 사람.

김 홍도 알고 있네. 맞아. 남성용 변기를 만든 건 아니고, 기성품으로 만든 변기를 자신이 동료들과 함께 주최한 전람회에 '샘'이라는 제목으로 'Mr. Mut'라는 서명을 해서 출품했어.

홍 네, 맞아요. 그래서 유명해진 사람이죠. 뒤샹이.

김 사실 처음에 전시회가 끝날 때까지 뒤샹이 출품한 '샘'은 작품으로 대접받지 못하고 전시장 구석에 버려진 채로 외면당했지. 아예 심사위원이나 관계자들이 작품이라고 생각도 하지 않은 거야.

홍 그런데, 어떻게 유명해졌어요?

김 뒤샹이 그 작품에 대해 글을 썼어. 글의 내용을 간단히 말하자면 '예술이 무엇인가?'라는 질문이었다고

뒤샹 샘, 1917

할 수 있지, 뒤샹은 '작가의 삶에 대한 이해'가 반영되었다면 "직접 작가의 손으로 만들지 않았어도 작품이 될 수 있지 않은가?"라는 질문을 사람들에게 던지면서.

홍   '예술품이란 작가의 삶에 대한 이해가 담긴 것'이군요. 그런 거 같아요. 지금까지 제가 그린 그림 속에도 뭐랄까 나의 삶이 조각조각 담긴 거 같다는 생각이 드는데요.

김   뒤샹의 조금 괴팍한 장난으로 현대미술가들은 이미 존재하는 사물을 작가가 선택하는 것만으로 예술품이 될 수 있다는 생각을 보편적으로 하게 되었지.

홍   네, 그렇군요.

김   우선, 지금 홍과 내가 있는 공간을 살펴보면서 가장 마음에 드는 장소를 찾아보도록 해봐.

홍   장소요?

김   응, 장소. 우리는 낯선 상황에 놓이면 그곳에 놓여 있는 내용물이 무엇인지 관심을 두게 돼. 하지만 그 내용물 이전에 우리의 정서에 무의식적으로 강력한 영향을 주는 것이 공간이야. 우리를 둘러싸고 있는 공간은 잘 인식되지 않지만, 우리 감정에 영향을 미칠 뿐 아니라, 어떤 공간이든 강력한 메시지를 갖고 있어.

홍   공간이 메시지를 갖고 있다고요?

김   그래, 맞아. 간단한 예를 들어보자면, 누군가 만약 어떤 사무실에 들어가서 문 앞에 머무르는 것과 사무실 가장 안쪽에 머무르는 것은 다른 의미가 있지.

홍   그러네요. 문 바로 앞에 있다는 것은 뭐랄까 좀 안정이 안 된 거 같아요. 만약 안쪽 깊은 곳에 있다면 그건 그곳에 더 오래 머무를 것 같은데요.

김 맞아.

홍 그럼 의미가 담긴 공간을 찾으면 되나요?

김 아니, 지금은 의미에 관한 생각은 잠시 접고, 그저 지금 현재 홍의 감정에 의존해서 마음에 드는 장소를 선택해봐.

홍 좀 걸어 다니면서 생각해볼게요.

김 응, 좋은 생각이야.

홍 선생님, 마음에 드는 곳을 선택했어요.

김 그러면 그곳에서 가져온 잡동사니들을 펼쳐봐. 지금 현재 마음에 드는 물건을 한 개나 몇 개를 선택하고 이 장소에 어떻게 놓으면 좋을지, 아니면 여러 개를 합쳐서 새로운 것을 만들어도 좋고, 공중에 매달거나 벽에 걸어도 좋아. 그런 방식으로 그 공간에 설치작품을 완성해 봐.

홍 선생님은 늘 쉽지 않을 걸 너무 쉽게 하라고 말씀하시는 거 같아요.

김 내가 그랬나? 그러면 뭐가 쉽지 않게 느껴지는지 말해 줄래?

홍 아니에요. 뭐 또 할 수도 있겠다는 생각이 드네요.

김 맞아. 홍은 언제나 일단 시작해 보면 금방 무엇을 해야 할지 알게 되잖아. 그런데, 그건 인간이 가진 특별한 능력이야. 인간에게는 애매한 것들을 자기 나름대로 의미화시킬 수 있는 창조성이 있거든. 이 창조성은 무엇을 해야 할지 정확한 절차를 알 때는 발현되지 않아. 뭐랄까 알 수 없고 애매한 부분이 있을 때 창조성은 발휘되기 시작하지.

홍 네.

김　지금은 자신과 대화하는 것이 필요한 시간이란 거지? 편하게 하고 싶은 대로 해봐.

홍　선생님, 전 이 모서리 어두운 장소가 마음이 편한데요. 그곳에서 이것저것 나도 모르게 만들다 보니 이런 게 만들어졌어요.

김　음, 안전한 곳이 필요했던 거 같아. 아주 소중한 것을 품기 위해서는.

홍　선생님, 이 둥근 알이 조금 밉기도 해요.

김　왜?

홍　소중한데, 한 편으로는 날 이곳에 붙잡고 있는 거 같기도 하고, 뭐랄까 재미있었는데, 한편 '내 마음이 이렇구나' 하면서 제가 안쓰러운 생각도 들어요.

김   어렵지는 않았어?

홍   아뇨. 재미있었어요. 그림 그리는 것이 조금 갇혀 있었다면, 훨씬 생생하고 쉽게 느껴졌어요. 무엇보다도 제가 설치작품을 했다는 것이 신기해요.

김   맞아. 뒤샹은 이상한 얘기를 한 것이 아니야. 더 본질적인 것을 일깨운 거지. 현실을 산다는 것은 공간 속에 여러 물건과 나도 모르는 상징적 관계를 맺게 하지. 어떤 측면에서 설치작품보다 그림이 훨씬 더 은유적인 표현 방법이야. 단지 인류가 오래전부터 평면에 이미지를 그리는 것을 더 많이 사용해왔기 때문에 그림이 더 익숙할 뿐이지.

홍   그런가요? 그림이 더 어려운 건가요?

김   어떤 면에서는 그래. 장소 안에서 물건으로 나를 표현하는 것이 그야말로 직접적인 표현이지. 어릴 적에 이것저것 잡동사니를 가지고 소꿉놀이를 하며 놀았던 것을 떠올리면 더 쉬울 거야.

홍   그러게요. 물건으로 표현하기가 더 쉽고 더 재미있었어요.

김   그래서 현대미술이 더 쉬운 거야. 현대미술가들은 이렇게 훨씬 직접적인 방법으로 현대인의 삶을 보여주고 있지. 다만 전통적인 방법에서 벗어나 있으므로 낯설게 느껴지는 것뿐이야. 그 작품을 몸으로 직접 해석하고 느껴보면 더 강렬하고 정확한 메시지를 읽을 수 있어.

홍   처음에 선생님이 현대미술이 더 쉽다고 말씀하실 때는 믿어지지 않았어요.

김   지금은 어때?

홍   글쎄요. 지금은 조금 '그럴 수도 있겠구나.'라는 생각이 드는데요.

장소 안에서 발견하는 나

여러분의 마음을 끄는 장소를 찾아보세요. 주변을 천천히 걸으며 마음에 주의를 기울이면 이미 예술이 시작됩니다. 그곳에 어떤 물건을 올려놓거나 매달거나 아니면 서로 다른 물건을 연결해서 설치작품을 완성해 보세요. 사진으로 찍어서 아래 붙여 보세요.

오늘 나만의 장소에 설치작품을 하면서 알게 된 자신에 대해 적어보세요.

사진을 아래의 블로그에 올려주세요. 그림에 대한 저의 생각을 전해 드리겠습니다.
https://blog.naver.com/eunjin4913

02 | 나의 몸짓이 현대미술이 되다

김 작품을 직접 만들지 않고도 물건을 장소 안에 설치하는 것으로 예술이 될 수 있어.

홍 네, 지난번에 설치작품이라고 하셨나요? 참 재미있었어요.

김 재미있었다고 말해 주니 참 고맙네. 그런데, 뭐가 재밌었는지 물어봐도 돼?

홍 내가 평소 사용하던 물건들에 저도 모르게 저의 의미가 담겨있더라고요. 그것들로 나의 모습을 표현하는 것이 직접 그리기보다 쉽고 재미있었어요. 뭐랄까? 예상하지 못했던 의외의 효과 같은 것도 있었고요.

김 '자신이 담긴다는 것'이라고 한 말이 참 좋게 들리네.

홍 맞아요. 분명히 나에 관해 이야기를 할 수 있었고, 굉장히 흥미로웠어요.

김 홍은 지금까지 나와 함께 여러 가지 그림도 그리고 작품도 만들어 봤잖아. 그 경험을 바탕으로 스스로 무엇이 예술이라고 생각하는지 말해 줄 수 있어?

홍 글쎄요. 선생님, 그것이 예술인지 아닌지는 잘 모르겠는데요. 뭐랄까 그림을 그리고, 작품을 만들면서 나에 대한 발견 같은 것을 했던 것 같아요. 그것이 저에게는 무척 의미 있게 느껴져요. 그런데 그것을 다른 사람들이 예술로 봐줄지, 어떨지는 모르겠어요.

김 다른 사람들이 예술로 봐주면 더 자신감이 생기지. 하지만 우리가 아는 많은 위대한 예술가 중에 어떤 사람은 살아 있는 동안 사람들로부터 외면당했던 이들도 있어. 또 어떤 작가는 살아생전에는 굉장히 위대한 예술가로 추앙받다가 죽고 난 후 잊힌 경우도 많지.

홍 그러면 다른 사람들이 예술로 봐주는 가는 중요한 문제가 아니라는 말씀을 하시는 건가요?

김 글쎄, 분명한 것은 위대한 예술작품들은 시대를 초월해서 끝없이 사람들에게 영감을 준다는 거야.

홍 그렇죠.

김 사람들은 자신이 이해할 수 있는 것을 이해할 수 있거든, 자신과 관련되지 않은 것은 이해하기 어려워.

홍 네.

김 인간에 대한 이야기가 담겨있으면, 시대를 뛰어넘어 사람들에게 영감을 줄 수 있겠지.

홍 그러네요.

김 만약 '삶에 대한 이해'가 담긴 것이 예술이라면, 사실 꼭 그림을 그리거나 하지 않아도 가능하지 않을까? 현대미술가들은 현대미술의 영역을 새롭게 개척하는데 두려움이 없었어. 정지되어 있는 그림뿐 아니라 오브제, 더 나아가서 인간의 행위로도 현대미술이 될 수 있다는 것을 보여주었지.

홍   행위로 현대미술을 한다고요? 행위예술을 말씀하시는 건가요?

김   맞아. 행위예술, 또는 퍼포먼스라고도 하지.

홍   선생님, 지금 저한테 행위예술을 하라고 하시는 것은 아니겠죠? 좀 미친 사람 같던데요.

김   미친 사람처럼 보일 수 있지. 전혀 다른 맥락에서 혼자 행위로 상황을 만들어 내니까.

홍   맞아요. 전 제정신으로는 그렇게 하긴 좀 어려울 것 같은데요.

김   행위예술이 예술이라면 그 안에 인간이 경험하고 있는 이야기가 담겨있겠지. 그 행위들 안에는 사실 굉장히 근원적인 질문들이 담기기도 하고, 우리의 왜곡된 삶을 꼬집어 주기도 하지. 하지만 행위 예술을 하기 위한 질문의 시작은 자신으로부터 시작하면 돼.

홍   네, 그런데 뭘 물어봐야 할지, 어떻게 답을 수 있는지 모르겠는데요.

김   그럼 한번 숙제를 해보자. 자신이 온종일 가장 많이 하는 말 또는 행동이 무엇인지 살펴보고 다시 만나면 어떨까?

김 어때? 한번 자신이 어떤 말을 많이 하는지, 그리고 어떤 행동을 많이 하는지 살펴봤어?

홍 선생님, 뭐 별로 하는 일이 없던데요. 주로 앉아서 컴퓨터를 하는 시간이 가장 많은 것 같은데요. 잠시 쉬는 시간에 커피를 마시면서 사람들과 눈인사 또는 가벼운 안부 인사 같은 말을 했어요. 물론 업무와 관련된 사람들과 회의를 하거나.

김 현대인들이 가장 많이 하는 행동이 컴퓨터와 대화하는 행동이지. '컴퓨터 하는 인간'을 한 30초 정도의 행위예술로 표현해봐.

홍 선생님, 너무 하세요. 그걸 갑자기 어떻게 해요?

김 당연히 할 수 있어. 이제부터 주변에 온종일 컴퓨터와 함께하는 많은 사람을 떠올리고, 자신과 공통점이 무엇인지, 차이점이 무엇인지 생각해 봐.

홍 선생님, 사람들이 컴퓨터를 하고 있을 때, 좀비 같아요. 뭐랄까. 희로애락의 감정 없이 맹목적인 욕망에만 사로잡혀있는 모습이요. 저 역시 컴퓨터를 할 때, 오로지 손과 눈만 돌아가고 얼굴은 무표정하게 있어요. 머릿속에서는 무수한 생각과 갈등이 있지만, 정작 저의 모습은 멍한 눈으로 모니터를 응시하고, 손가락만 움직이고 있어요. 어쩌면 모니터 안이 진짜 세상이 있고, 저는 그 안에서 사는 나에게 무언가 끊임없이 제공하고 있는 배터리 같은… 이거 어떤 영화에서 봤던 얘기인데… 뭐더라?

김 메트릭스?

홍 맞아요. 그 영화가 이런 내용인 거 같은데요.

김 자, 그러면 컴퓨터 하고 있는 모습을 한번, 30초 동안 몸짓으로 표현해 볼 수 있겠어.

홍 30초 정도면 할 수 있을 것 같아요.

김   우리의 몸짓은 언어보다 더 강력한 이해를 전달해. 나의 몸짓에 관심을 두기 시작하면 내가 살아가는 방식에 대해 더 많은 통찰을 할 수 있게 돼. 그리고 그 이해는 나를 비롯해 타인을 이해하는 더 정확한 방법이 되지.

홍   조금 미친 사람 같기도 한데 신선한 경험이었어요. 생각보다 재미있었고요.

김   행위예술을 처음 시작한 사람들은 1960년에 독일의 플럭서스라는 그룹인데, 백남준 선생도 플럭서스의 일원이었어.

홍   비디오 아티스트 백남준을 말씀하시는 건가요?

김   응, 맞아. 현대 예술 시장이 급성장하고 예술이 상업화되는 현상에 대한 반발이었지.

홍   왜 행위예술이 상업화되는 예술의 반발이 되죠?

김   그림이나 조각 작품은 사고팔 수 있잖아. 행위예술은 현장에서 벌어지고 행위로 끝나기 때문에 판매하거나 소유할 수 없으니까.

홍   아! 그러네요. 작품으로 남지 않으니 사고팔 수도 없겠네요.

1961년 백남준은 독일 쾰른의 길거리에서 바이올린을 끌고 걸어 다니는 퍼포먼스를 했는데, 이 공연은 <걸음을 위한 선>으로 불리기도 하고, <현이 달린 바이올린(거리에서 바이올린 끌기)>으로 불리기도 한다. 이후 1975년까지 백남준은 이 퍼포먼스를 여러 번 했는데, 1975년 제12회 "뉴욕 아방가르드 페스티벌"의 목적으로 뉴욕 브루클린의 플로이드 베넷 필드 공원에서 바이올린을 끌고 다니는 장면이 피터 무어의 사진으로 남아있다. 백남준은 이런 작품에 대해 악기를 거리에서 끌고 다니면 아름다운 소리를 낸다고 한 바 있다.

출처: https://njp.ggcf.kr/archives/artwork/n226

참여자는 전시장 안에서 가장 마음에 드는 장소를 선택한 후 그곳에서 느끼는 정서를 행위로 표현하고 있다.
안재복의 앉다·안기다展 치유적 감상프로그램 중, 2016, 학아재미술관

김　하지만 플럭서스의 의도가 오히려 더 큰 대중성을 끌어내고 상업 시장에 편입되기도 했지. 여하튼, 행위예술은 꾸준히 소외계층이나 권력에 대항하는 비판과 성찰적 색조를 가지고 있어.

홍　그럼 제가 한 30초 동안 컴퓨터 하는 행위도 현대인들에 대한 성찰이라고 말할 수 있을까요?

김　당연히 그렇지. 홍의 작품은 자신의 삶에 대한 관찰로부터 나왔다는 점이 무엇보다 가치 있지.

홍　한국 사회에 대한 행위예술도 있나요?

김　응, 있지. 1990년대 여성 예술가 중에 이불이라는 작가는 스스로 공중에 나체로 매달리는 퍼포먼스를 했어.

홍　나체로 공중에 매달렸다고요? 여자가요?

김　응, 제목은 〈낙태〉인데 신체적으로 억압당하고 있는 여성의 고통을 몸으로 표현한 거지.

홍　그랬군요.

김　이런 충격적이고 도발적인 방법이 역시 대중적 관심을 불러일으켰고, 이불 작가는 여러모로 현대 한국에서 가장 성공한 작가 중 한 명이 됐지.

홍　그렇군요.

행위로 나의 삶을 발견하기

단 하루 동안만 당신이 하는 말과 행동을 관찰해서 적어보세요. 가장 많이 하는 말은 무엇인가요? 가장 많이 하는 행동은 무엇인가요? 가능한 한 많이 한 생각이나 들었던 감정은 빼고, 실제로 몸으로 한 말과 행동을 관찰해서 적어보세요.

위에 적은 내용 중 알지 못했는데 새롭게 발견한 나의 행동을 행위로 표현해서 자신의 모습을 찍어 보내 주세요. 실제 하고 있는 행동과 말을 발견할 때 우리는 자신에 대해 새로운 것을 알게 됩니다. 이렇게 알게 된 것들은 당신의 나이, 직장, 성별, 학교, 혈액형보다 당신에 대해 더 많은 것을 담고 있습니다. 몰랐던 나를 새롭게 만나는 일을 즐겨 보세요. 삶의 새로운 생생함이 느껴지게 될 것입니다.

사진을 아래의 블로그에 올려주세요. 그림에 대한 저의 생각을 전해 드리겠습니다.
https://blog.naver.com/eunjin4913

그림으로 도움 주신 분

조성하, 유영훈, 김진석, 이고운, 민들레, 현린, 심지송,
채효미, 남기원, 박휘상, 김성민, 홍승아, 이승윤, 손은영

초판 1쇄   2019년 6월 29일

지은이 _ 김은진

펴낸이 _ 김현태

디자인 _ 디자인 창 (디자이너 장창호)

펴낸곳 _ 따스한 이야기

등록 _ No. 305-2011-000035

전화 _ 070-8699-8765

팩스 _ 02- 6020-8765

이메일 _ jhyuntae512@hanmail.net

따스한 이야기 페이스북

https://www.facebook.com/touchingstorypublisher

따스한 이야기는 출판을 원하는 분들의 좋은 원고를
기다리고 있습니다.

가격 16,000원